Französisch für Fortgeschrittene

Französisch lernen mit Kurzgeschichten (mit Audiodateien, deutscher Übersetzung & Verständnisfragen)

Sprachen Einfach Lernen

Inhaltsverzeichnis

EINLEITUNG

Schön, dass du dieses Buch gefunden hast und dein Französisch mit Kurzgeschichten verbessern willst.

Dieses Buch dient vor allem der Verbesserung deiner Französischkenntnisse im Alltag. Deshalb behandeln die Geschichten alltägliche Situationen, enthalten diverse Grammatik und wichtige Vokabeln für den Alltag.

Auch wenn du es wahrscheinlich kaum abwarten kannst, endlich besser Französisch zu sprechen, möchten wir dir noch kurz erklären, wie dieses Buch aufgebaut ist.

Am Anfang jedes Kapitels findest du eine Liste mit **Vokabeln**. Dies sind vor allem Vokabeln, die entweder sehr wichtig oder Anfängern eher unbekannt sind.

Auf die Vokabelliste folgt die **französische Kurzgeschichte**. Während du diese liest, kannst du dir zusätzlich die **Audiodateien** anhören. Den Link zu den Audiodateien findest du aus Sicherheitsgründen im Kapitel "**Audiodateien**" am Ende des Buches.

Auf unserer Webseite kannst du die Dateien downloaden und bspw. auf dein Smartphone ziehen, auf eine CD brennen oder sie direkt im Browser anhören.

Enfin les vacances !
Première destination : Marseille

VOKABELN

les bagages	das Gepäck
la trousse de toilette	der Kulturbeutel
faire sa valise	den Koffer packen
se garer	parken
le hall de la gare	die Bahnhofshalle
l'écran (un)	der Bildschirm
la voie	das Gleis
le quai	der Bahnsteig
entrer en gare	einfahren
s'installer	platz nehmen
démarrer	losfahren
le contrôleur	der Schaffner
la voiture-bar	der Speisewagen
prendre le bus	einen Bus nehmen
valider (un ticket)	(ein Ticket) entwerten
à temps partiel	teilzeit
se situer	sich befinden
agréable	angenehm
la queue	die Schlange (schlange stehen)
l'entrée (une)	der Eintritt
gratuit	kostenlos
le souvenir	die Erinnerung
profiter	geniessen
la vue	die Aussicht
la carte postale	die Postkarte
le magnet (un)	der Magnet

le port	der Hafen
la chantilly	die Schlagsahne
la monnaie	das Wechselgeld
le pourboire	das Trinkgeld
louer	mieten
la trottinette	der Roller
le guidon	der Lenker
typiquement	typisch
l'entrée (une)	der Empfangsbereich
les fruits de mer	die Meeresfrüchte
l'addition	die Rechnung
payer	bezahlen
le vestige	der (historische) Überrest
chrétien	christlich
la crypte	die Krypta
se reposer	sich ausruhen
le drapeau	die Flagge
la boîte de nuit	die Diskothek
le réseau	der Empfang
faire de la randonnée	wandern
la falaise	die Klippe
la plage	der Strand

Après avoir beaucoup étudié cette année, c'est enfin le début des vacances. Aujourd'hui, je voyage enfin, je vais à Marseille, une de mes villes préférées depuis mon enfance. Je suis en train de préparer mes **bagages** avec l'aide de ma mère. J'ai fait une liste des choses importantes : sous-vêtements, veste, **trousse de toilette**, chargeur de portable, appareil photo, maillot de bain, lunettes de soleil, carte de crédit, etc. Ma mère m'a fait un sandwich que je peux manger pendant le voyage en train. J'achèterai une boisson à la gare.

Quand nous avons fini de **faire ma valise**, nous prenons la voiture pour aller à la gare. Mes parents m'accompagnent à la gare, parce que je vais voyager pendant plusieurs semaines et que je vais beaucoup leur manquer. Quand nous arrivons, ma mère **gare** la voiture sur le parking et nous allons dans le **hall de la gare.** Sur les **écrans**, je vérifie **la voie** de départ de mon train. Mon train partira dans trente minutes en voie six. Nous avons de l'avance, et mes parents m'accompagnent donc pour acheter une boisson dans un des petits magasins du hall. Puis, ils m'accompagnent sur **le quai**. Quand mon train **entre en gare**, nous nous disons au revoir et je monte dans le train.

Dans le train, je traverse le wagon pour trouver ma place. Super ! J'ai un siège côté fenêtre. J'adore regarder les paysages par la fenêtre lorsque je voyage en train. C'est une bonne manière de découvrir le pays. Je dépose mes valises dans le compartiment à bagage et m'**installe**. Un signal sonore indique la fermeture des portes et le train **démarre**.

Après une heure de trajet, le **contrôleur** passe dans le wagon. Je lui montre mon ticket de train et lui demande où est **la voiture-bar**. Je vais à la voiture-bar et me commande un café que je paye par carte. Une heure et demi plus tard, nous arrivons à Marseille. La gare de Marseille est beaucoup plus grande que celle de

Nice, dont je suis partie. Je cherche la sortie car je veux **prendre un bus** pour aller au centre-ville, où nous nous sommes données rendez-vous avec mon amie Lucie.

J'achète des tickets de bus à la caisse. Ils coûtent un euro et cinquante centimes. Je vais ensuite à l'arrêt de bus, où j'attends le prochain bus. Cinq autres personnes attendent à l'arrêt. Je sors mon portable et vais sur Instagram pour passer le temps. Quelques minutes plus tard, le bus arrive. C'était rapide ! Je **valide** mon ticket de bus et cherche une place libre. Dix minutes plus tard, je descends déjà du bus. Je remarque tout de suite la belle architecture des bâtiments et la brise marine.

Mon amie Lucie m'attend déjà à l'arrêt de bus. Nous sommes amies depuis que nous sommes petites et nous nous entendons très bien. C'est une de mes meilleures amies et elle aime autant voyager que moi.

Lucie: Salut Laura ! Je suis si heureuse de te voir !

Laura: Moi aussi. Le trajet était vraiment rapide.

Lucie: Tu veux qu'on aille boire un verre avant de rentrer chez moi ?

Laura: Oui, j'ai très envie d'un bon café.

Nous allons dans un café à proximité de l'arrêt de bus, où il y a de très bonnes pâtisseries. Sur le chemin, nous parlons et nous nous racontons comment se passent nos études. Mon amie Lucie étudie la biologie et elle aime beaucoup les animaux. Elle travaille dans un zoo à proximité de Marseille à **temps partiel**. Elle dit que nous pourrons y aller un jour, pour regarder les animaux avec lesquels elle travaille.

Quand nous avons terminé nos cafés, je veux payer pour Lucie, mais elle ne me laisse pas faire. Elle connaît le serveur et elle paie en partant. Cet après-midi nous allons voir la basilique Notre-Dame de la Garde, une des attractions touristiques les plus connues de Marseille.

La basilique Notre-Dame de la Garde **se situe** en haut d'une colline au centre-ville historique. Lucie et moi décidons d'y aller à pied. C'est une très belle journée et c'est **agréable** de se promener. A mi-chemin nous voyons un spectacle de rue, dans lequel un homme jongle. C'est très impressionnant et beaucoup de personnes regardent le spectacle. Quand le spectacle est fini, nous mettons un peu d'argent dans son chapeau.

Nous arrivons enfin à la basilique Notre-Dame de la Garde. La première chose que je remarque sont les nombreux touristes. Il faut faire la queue pendant environ 20 minutes pour pouvoir visiter l'intérieur. Mais ça vaut le coup ! En plus, l'**entrée** est **gratuite**.

L'intérieur est encore plus beau que dans **mes souvenirs**. Nous y restons vingt minutes et prenons quelques photos.

Nous ressortons de la basilique, et cette fois-ci nous prenons le temps de **profiter** de **la vue**. D'ici on peut voir toute la ville. C'est vraiment magnifique et nous en profitons pour prendre des photos de ce beau panorama. C'est clairement un des plus beaux lieux de la ville. Il y a deux boutiques de souvenirs, où on peut acheter des **cartes postales** et d'autres petits objets. Je choisis d'acheter un **magnet** à trois euros pour mes parents. Je suis sûre qu'ils vont l'adorer.

D'ici on peut voir **le port** et la mer. Lucie et moi décidons donc de retourner au centre-ville et de manger une glace en se promenant au vieux port. Nous prenons plus de trente minutes pour y arriver. Marseille est une très grande ville et je pense que Lucie a l'habitude de se déplacer en métro et en tram. Mais moi, j'ai envie de marcher pour profiter de la ville. Le vieux port est vraiment magnifique. Beaucoup de personnes s'y promènent avec leur chien ou font du jogging.

Nous nous approchons d'un vendeur de glace et nous achetons toutes les deux une glace au chocolat avec de la **chantilly**. Quand le vendeur nous donne la glace, je paie avec un billet de dix euros. Nous nous éloignons de lui, et soudain nous entendons :

Le vendeur: Les filles, les filles ! Vous avez oublié votre **monnaie** !

Laura: Oh mince ! Merci beaucoup, vous êtes très gentil !

J'ai tellement envie de goûter la glace que j'oublie toutes les autres choses. Puisque l'homme était si gentil avec nous, je lui donne cinquante centimes de **pourboire** et nous continuons notre promenade.

Pendant que nous nous promenons sur le port, nous voyons un magasin qui **loue** des **trottinettes** électriques. Lucie adore les trottinettes et veut en louer deux pour continuer la promenade en roulant. Mais il y a un problème : nous avons encore nos glaces.

Lucie décide que ce n'est pas grave et paie pour louer deux trottinettes blanches. Je pense que c'est une mauvaise idée, parce que nous pouvons tenir **le guidon** seulement à une main. Avec l'autre main, nous devons tenir notre glace.

Logiquement, je fais tomber ma glace après quelques mètres. Lorsque je la ramasse pour la mettre à la poubelle, un chien arrive et lèche le reste de la glace du sol. Au moins quelqu'un peut profiter de la glace…

Il est temps de dîner et nous cherchons un restaurant avec des spécialités **typiquement** marseillaises. Nous attendons dans **l'entrée** du restaurant qu'un serveur nous montre une table pour le dîner.

Laura: Bonsoir, nous voulons une table pour deux personnes.

Le serveur: Bonsoir. Oui, suivez-moi.

Nous nous asseyons à une table avec vue sur le vieux port. Nous voyons donc beaucoup de yachts luxueux. Le serveur nous apporte un menu. Nous devons choisir une entrée, un plat principal et un dessert.

Pour l'entrée, nous prenons des **fruits de mer**, une des spécialités de Marseille, puisque nous sommes au bord de la mer. Les fruits de mer d'ici sont connus pour leur qualité. En plat principal, nous prenons une bouillabaisse, une soupe aux poissons qui est généralement servie avec du vin blanc.

Tout est excellent. Maintenant, nous devons choisir un dessert, mais je n'ai plus très faim. Je commande quand même une crème brûlée. Ce n'est pas typiquement marseillais, mais c'est un dessert français très bon. Elle a l'air tellement délicieuse que je n'ai même pas de problème à la manger toute entière.

Maintenant, nous avons fini de manger et je lève la main pour appeler le serveur. Je veux demander l'**addition** et **payer**. Le serveur apporte l'addition dans une très belle boîte avec deux pralines à l'intérieur. En plus, j'adore le chocolat ! En tout, nous payons trente-sept euros et quatre-vingt-dix centimes chacune. Je lui donne quatre billets de vingt euros pour payer pour moi et Lucie, et je laisse la monnaie en pourboire.

Nous quittons le restaurant pour continuer à nous promener et pour digérer le dîner. Tout près du vieux port, il y a l'abbaye de Saint-Victor. C'est un magnifique bâtiment historique, un des plus vieux bâtiments du port !

Le plus impressionnant, c'est que ce bâtiment est un des plus anciens **vestiges chrétiens.** Pendant la journée, on peut visiter la **crypte,** dans laquelle il y a de nombreux sarcophages.

Nous sommes déjà fatiguées et décidons de rentrer chez Lucie pour nous changer et nous **reposer.** Ensuite, nous allons sortir boire un verre dans Marseille. Je porte une belle robe verte et Lucie une robe rouge. Nous sommes très belles, mais ensemble nous ressemblons au **drapeau** du Portugal.

Le centre-ville de Marseille est très animé la nuit. Il y a de la lumière partout. Beaucoup de jeunes se promènent dans les rues ou prennent un verre dans un bar. Nous allons au Baby Club, **une boîte de nuit** connue de Marseille.

L'endroit est sympathique et l'ambiance est très bonne. Il y a beaucoup de jeunes et un DJ très connu. Nous nous approchons du comptoir, pour commander quelque chose. Je veux un Mojito et Lucie veut une bière. Quand la serveuse arrive, je lui dis ce que nous prenons, mais elle ne nous entend presque pas, parce que la musique est trop forte. Nous payons chacune douze euros. D'abord, ça me semble cher, mais après la serveuse nous donne une carte avec laquelle nous pouvons commander une deuxième boisson gratuitement. Super !

Dans une partie plus calme de la boîte de nuit, nous rencontrons deux autres filles. Elles s'appellent Kate et Sarah, elles viennent de Londres et sont en vacances à Marseille pour une semaine. Elles sont très gentilles, et même si elles ne parlent pas très bien français, nous nous comprenons sans problème.

Nous n'avons pas vu la nuit passer. Il est déjà six heures du matin et nous ne sommes toujours pas rentrées à la maison. Nous nous sommes beaucoup amusées et avons beaucoup dansé, mais maintenant nous ne pourrons pas profiter de la matinée pour faire des activités touristiques.

Lucie est sortie de la boîte de nuit pour appeler un taxi, parce qu'il n'y a pas de **réseau** à l'intérieur. Le taxi arrive déjà cinq minutes plus tard. Le chauffeur de taxi est très gentil et nous emmène à la maison pendant que nous discutons du charme de la ville. Le trajet est donc très agréable.

Une fois au lit, je remarque que je ne me suis pas démaquillée. Oh non ! Je n'ai pas envie de me lever.

***

Le matin, j'entends Lucie préparer le petit-déjeuner. Je prends mon portable et je vois qu'il est treize heures trente. Nous avons raté toute la matinée…

Pour le petit-déjeuner, Lucie a acheté des croissants et des pains au chocolat. Elle a aussi fait du café. J'adore les viennoiseries. En plus, elle a acheté du jus d'orange, du lait et des céréales.

Puisqu'elle a préparé le petit-déjeuner, je m'occupe de la vaisselle. Quand j'ai terminé, je pars prendre une douche et nous quittons la maison pour aller voir des attractions touristiques.

Même s'il est l'heure de manger, nous n'avons pas faim, puisque nous venons de prendre le petit-déjeuner. Nous décidons donc de faire un peu de **randonnée** dans un des plus beaux parcs nationaux de France : Les calanques.

Heureusement, Lucie connait déjà quelques endroits dans les calanques. Les formations calcaires forment de grandes **falaises**, juste au-dessus de la mer méditerranée. La faune et la flore sont uniques et le paysage est absolument magnifique.

Le parc national se trouve assez loin du centre-ville, et nous devons donc y aller en transport public. Heureusement, Marseille est une grande ville avec de bons bus et métros. Après une heure nous arrivons et commençons notre randonnée.

Pendant notre randonnée, nous pouvons profiter de ce magnifique paysage. Le paysage varie entre formations calcaires, **plages** de sable fin et eaux turquoises. Parfois, nous faisons de petites pauses pour profiter de la nature et pour prendre des photos. C'est un endroit vraiment magique.

Puisque nous nous sommes levées tard, nous ne pouvons pas rester longtemps dans le parc. C'est vraiment dommage... J'aurais bien aimé passer plus de temps dans les calanques. Nous rentrons à la maison, puisque je vais continuer mon tour de France le lendemain et que je vais partir dans une autre ville.

Nous avons visité tellement d'endroits, qu'il ne nous reste pas de temps pour visiter le zoo. Je le visiterai donc la prochaine fois que je viendrai voir Lucie. Le lendemain, Lucie m'accompagne jusqu'au bus, qui m'emmène à la gare. Mais avant, nous passons encore à la boulangerie, pour m'acheter à manger pour la route.

Quand je monte dans le train, je pense aux belles journées que j'ai passées ici, dans une de mes villes préférées. Marseille est une ville merveilleuse, avec beaucoup de beaux endroits. Les habitants sont très gentils et il y a toujours une bonne ambiance. Maintenant, le prochain arrêt est Montpellier.

BEARBEITE NUN DIE VERSTÄNDNISFRAGEN!

Welchen Sitzplatz hat Laura im Zug?

- ☐ Fenster
- ☐ Gang
- ☐ Stehplatz

Was bemerkt Laura als erstes in Marseille?

- ☐ Den Alte Hafen
- ☐ Das gute Wetter
- ☐ Die schöne Architektur

Was studiert Lucie?

- ☐ Biologie
- ☐ Jura
- ☐ Philologie

Aus welcher Stadt kommen die beiden Mädchen, die Lucie und Laura im "Baby Club" kennen lernen?

- ☐ Berlin
- ☐ London
- ☐ Paris

Was essen Lucie und Laura am ersten morgen zum Frühstück?

- ☐ Brot, Nutella und Kaffee
- ☐ Croissant, Schokobrötchen, Cornflakes, Kaffee und Orangensaft
- ☐ Croissant mit Butter und Marmelade, mit Kaffee und Orangensaft

Die Urlaubszeit ist hier. Erster Stopp: Marseille

Nach dem vielen Studieren dieses Jahr haben nun endlich die Ferien begonnen. Heute gehe ich endlich auf Reise. Ich fahre nach Marseille, eine meiner Lieblingsstädte seit meiner Kindheit. Ich bin dabei mein Gepäck vorzubereiten mit der Hilfe meiner Mutter. Ich habe eine Liste gemacht mit den wichtigsten Dingen: Unterwäsche, eine Jacke, Kosmetiktasche, Ladegerät fürs Handy, Fotokamera, Badeanzug, Sonnenbrille, Kreditkarte, usw. Meine Mutter hat mir ein Sandwich gemacht, das ich im Zug essen kann. Ein Getränk werde ich am Bahnhof kaufen.

Nachdem wir mit dem Packen des Koffers fertig sind, nehmen wir das Auto, um zum Bahnhof zu fahren. Meine Eltern begleiten mich zum Bahnhof, weil ich mehrere Wochen lang reisen werde und sie mich sehr vermissen werden. Als wir ankommen, parkt meine Mutter das Auto auf dem Parkplatz und wir betreten die Bahnhofshalle. Auf den Bildschirmen überprüfe ich von welchem Gleis mein Zug abfährt. Mein Zug wird in 30 Minuten an Gleis sechs abfahren. Wir sind zu früh da und meine Eltern begleiten mich, während ich mir ein Getränk in einem der kleinen Geschäfte der Bahnhofshalle kaufe. Dann begleiten sie mich auf den Bahnsteig. Als mein Zug einfährt, verabschieden wir uns voneinander und ich steige in den Zug.

Im Zug gehe ich durch das Abteil und suche nach meinem Sitzplatz. Super! Mir wurde ein Platz neben dem Fenster zugewiesen. Ich liebe es die Landschaften aus dem Fenster anzuschauen, während ich mit dem Zug reise. Es ist eine tolle Art das Land zu entdecken. Ich räume meine Koffer in das Gepäckfach und nehme Platz. Ein Signalton kündigt die Schließung der Türen an und der Zug fährt los.

Nach einer Stunde Fahrt, kommt der Schaffner in das Abteil. Ich zeige ihm mein Zugticket und frage ihn, wo der Speisewagen ist. Ich gehe in den Speisewagen und bestelle einen Kaffee, den ich per Kreditkarte bezahle. Nach eineinhalb Stunden kommen wir in Marseille an. Der Bahnhof von Marseille ist größer als der von Nizza, von dem ich abgefahren bin. Ich suche den Ausgang, weil ich einen Bus ins Stadtzentrum nehmen möchte, wo ich mich mit meiner Freundin Lucie verabredet habe.

Ich kaufe die Bustickets an der Kasse. Sie kosten ein Euro fünfzig. Anschließend gehe ich zur Bushaltestelle, wo ich nun auf den nächsten Bus warte. Da warten noch weitere fünf Personen. Ich hole mein Handy heraus, um ein bisschen auf Instagram zu schauen. Einige Minuten später kommt der Bus. Wie schnell! Ich entwerte mein Busticket und suche einen freien Sitzplatz. Zehn Minuten später steige ich aus dem Bus aus. Ich bemerke sofort die schöne Architektur der Gebäude und die Meeresbrise.

Meine Freundin Lucie wartet schon an der Bushaltstelle auf mich. Wir sind von klein auf befreundet und verstehen uns sehr gut. Sie ist eine meiner besten Freundinnen und ihr gefällt es genauso sehr zu reisen wie mir.

Lucie: Hallo, Laura! Ich freue mich sehr dich zu sehen!

Laura: Ich mich auch. Die Reise ist sehr kurz gewesen.

Lucie: Willst du noch etwas trinken gehen, bevor wir zu mir nach Hause fahren?

Laura: Ja, ich habe große Lust auf einen guten Kaffee.

Wir gehen in ein Café in der Nähe der Haltestelle, wo es sehr leckeres Gebäck gibt. Auf dem Weg reden wir und erzählen uns, wie unser Studium läuft. Meine Freundin Lucie studiert Biologie und Tiere gefallen ihr sehr. Sie arbeitet Teilzeit in einem Zoo in der Nähe von Marseille. Sie sagt mir, dass wir einen Tag hingehen können, um die Tiere zu sehen, mit denen sie arbeitet.

Als wir den Kaffee ausgetrunken haben, möchte ich für Lucie bezahlen, aber sie lässt mich nicht. Sie kennt den Kellner, also bezahlt sie am Ende. Diesen Nachmittag werden wir die Notre-Dame de la Garde sehen, eine der bekanntesten Sehenswürdigkeiten in Marseille.

Die Notre-Dame de la Garde befindet sich auf einem Hügel in der Innenstadt. Lucie und ich entscheiden zu Fuß hinzugehen. Es ist ein sehr schöner Tag und ein Spaziergang ist sehr angenehm. Auf halbem Weg treffen wir auf ein Straßenschauspiel, bei dem ein Mann mit Bällen jongliert. Es ist sehr beeindruckend und viele Leute schauen zu. Als das Spektakel beendet ist, geben wir etwas Geld in seinen Hut.

Endlich kommen wir bei der Notre-Dame de la Garde an. Das erste, was mir auffällt, ist die Menge an Touristen. Um hineingehen zu können, muss man sich für ca. 20 Minuten in die Schlange stellen. Aber das ist es wert! Außerdem ist der Eintritt frei. Das Innere ist noch schöner als in meinen Erinnerungen. Wir bleiben zwanzig Minuten drinnen und machen mehrere Fotos.

Wir gehen wieder aus der Kirche raus und dieses Mal nehmen wir uns die Zeit die Aussicht zu genießen. Von hier kann man die ganze Stadt sehen. Es ist wirklich wunderschön und wir machen Fotos von diesem schönen Panorama. Es ist eindeutig einer der schönsten Orte der Stadt. Es gibt zwei Souvenirläden, wo man Postkarten und andere Kleinigkeiten kaufen kann. Ich entscheide einen Magnet für drei Euro für meine Eltern zu kaufen. Ich bin mir sicher, dass sie ihn lieben werden.

Von hier kann man den Hafen und das Meer sehen. Lucie und ich entscheiden also zur Innenstadt zurückzugehen, um ein Eis zu essen, während wir am Alten Hafen spazieren. Wir brauchen über dreißig Minuten dorthin. Marseille ist eine sehr große Stadt und ich denke, dass Lucie daran gewöhnt ist, mit der Metro oder der Straßenbahn überall hinzufahren. Aber ich habe Lust zu gehen, um die Stadt zu genießen. Der Alte Hafen ist wirklich wunderschön. Viele Menschen spazieren dort mit ihren Hunden oder joggen.

Wir nähern uns einer Eisdiele und wir kaufen uns jeweils ein Schokoladeneis mit Sahne. Als uns der Verkäufer das Eis gibt, bezahle ich mit einem Zehneuroschein. Wir entfernen uns von der Eisdiele und plötzlich hören wir:

Der Verkäufer: Mädels, Mädels! Sie haben das Wechselgeld vergessen!

Laura: Ach du meine Güte! Vielen Dank, Sie sind sehr freundlich!

Ich habe solche Lust das Eis zu probieren, dass ich alles weitere vergesse. Weil der Mann so nett zu uns gewesen ist, gebe ich ihm fünfzig Cent Trinkgeld und wir setzen unseren Spaziergang fort.

Während wir am Hafen spazieren, sehen wir einen Laden, der elektrische Roller vermietet. Lucie liebt Roller und sie will zwei Stück mieten, um den Spaziergang fahrend fortzusetzen. Aber es gibt ein Problem: Wir haben noch das ganze Eis.

Lucie entscheidet, dass das egal ist und bezahlt, um zwei weiße Roller zu mieten. Ich denke, dass es eine schlechte Idee ist, weil wir den Lenker nur mit einer Hand halten können. Mit der anderen Hand müssen wir unser Eis halten.

Logischerweise fällt mir nach wenigen Metern das Eis herunter. Als ich es aufhebe, um es in einen Mülleimer zu werfen, erscheint ein Hund und fängt an, den Rest des Eis vom Boden zu lecken. Wenigstens einer, der das Eis genießt...

Es ist Zeit zu Abend zu essen und wir suchen ein Restaurant mit typischen Speisen aus Marseille. Wir warten in der Eingangshalle des Restaurants, bis uns ein Kellner einen Tisch fürs Abendessen zuweist.

Laura: Guten Abend, wir möchten einen Tisch für zwei.

Der Kellner: Guten Abend. Ja, folgen Sie mir.

Wir setzen uns an einen Tisch mit einem Ausblick auf den Alten Hafen. Wir sehen also viele luxuriöse Jachten. Der Kellner bringt uns die Karte. Wir müssen eine Vorspeise, eine Hauptspeise und einen Nachtisch aussuchen.

Als Vorspeise wählen wir Meeresfrüchte, eine Spezialität aus Marseille, da wir direkt am Meer sind. Die Meeresfrüchte der Region sind für ihre gute Qualität bekannt. Als Hauptspeise nehmen wir Bouillabaisse, eine Fischsuppe die traditionell mit Weißwein serviert wird.

Alles schmeckt sehr gut. Jetzt müssen wir den Nachtisch bestellen, aber ich habe keinen großen Hunger. Trotzdem bestelle ich mir eine Crème Brulée, es ist kein typischer Nachtisch der Region, aber es ist ein sehr leckerer französischer Nachtisch. Sie sieht so lecker aus, dass ich sie ohne Probleme komplett aufesse.

Jetzt haben wir fertig gegessen und ich hebe die Hand, um den Kellner zu rufen. Ich möchte ihn um die Rechnung bitten und bezahlen. Der Kellner bringt die Rechnung in einer sehr hübschen

Kiste mit zwei Pralinen. Ich liebe Schokolade! Insgesamt kostet es für jede von uns siebenunddreißig Euro und neunzig Cent. Ich gebe ihm vier Zwanzigeuroscheine, um für mich und Lucie zu bezahlen, und lasse das Wechselgeld als Trinkgeld da.

Wir verlassen das Restaurant, um weiter zu spazieren und somit das Abendessen zu verdauen. Ganz in der Nähe des Alten Hafens liegt die Abtei von St. Victor. Es ist ein wunderschönes historisches Gebäude und eines der ältesten am Alten Hafen!

Das Beeindruckendste ist, dass dieses Gebäude eine der ältesten christlichen Spuren ist. Tagsüber kann man die Krypta besichtigen, in der es viele Sarkophage gibt.

Wir sind schon müde und entscheiden uns, zu Lucie nach Hause zu gehen, um uns umzuziehen und ein bisschen auszuruhen. Anschließend gehen wir in Marseille aus, um etwas trinken zu gehen. Ich trage ein hübsches grünes Kleid und Lucie ein Rotes. Wir sind sehr hübsch, aber gemeinsam sehen wir wie die Flagge von Portugal aus.

Die Innenstadt von Marseille ist nachts sehr belebt. Überall ist es beleuchtet. Viele Leute spazieren in den Straßen oder trinken etwas in einer Bar. Wir betreten den Baby Club, eine bekannte Disco in Marseille.

Der Ort ist nett und das Ambiente ist sehr gut. Hier sind viele junge Leute und ein sehr bekannter DJ. Wir nähern uns der Theke, um etwas zu bestellen. Ich möchte einen Mojito und Lucie möchte ein Bier. Als die Kellnerin kommt, sage ich ihr, was wir möchten, aber sie hört uns fast nicht, weil die Musik sehr laut ist. Wir zahlen beide zwölf Euro. Mir kommt es zuerst etwas teuer vor, aber dann überreicht uns die Kellnerin eine Karte, die uns erlaubt, ein zweites Getränk kostenlos zu bestellen. Super!

In einem ruhigeren Bereich der Bar lernen wir zwei andere Mädchen kennen. Sie heißen Kate und Sarah, sie kommen aus London und sie sind gekommen, um eine Woche Urlaub in Marseille zu machen. Sie sind sehr sympathisch und auch wenn sie nicht sehr gut Französisch sprechen, verstehen wir uns problemlos.

Die Nacht ist so schnell vergangen. Es ist schon sechs Uhr in der Früh und wir sind immer noch nicht nach Hause gegangen. Wir haben viel Spaß gehabt und haben viel getanzt, aber nun werden wir nicht den Morgen für Tourismusaktivitäten ausnutzen können.

Lucie hat die Bar verlassen, um ein Taxi anzurufen, weil es drinnen keinen Empfang gibt. Das Taxi kommt schon nach fünf Minuten. Der Taxifahrer ist sehr nett und er bringt uns nach Hause, während wir mit ihm über den Charme der Stadt sprechen. Somit ist die Fahrt sehr angenehm.

Im Bett fällt mir auf, dass ich mich nicht abgeschminkt habe. Oh nein! Ich möchte nicht aufstehen.

✳✳✳

Am Morgen höre ich Lucie das Frühstück machen. Ich nehme mein Handy und sehe, dass es ein Uhr dreißig ist. Wir haben den ganzen Morgen verpasst...

Fürs Frühstück hat Lucie Croissants und Schokobrötchen gekauft. Sie hat auch Kaffee gekocht. Ich liebe einfach französisches Gebäck. Außerdem hat sie Orangensaft, Milch und Cornflakes gekauft.

Weil sie das Frühstück zubereitet hat, kümmere ich mich um den Abwasch. Als alles erledigt ist, gehe ich duschen und wir verlassen das Haus, um die Sehenswürdigkeiten der Stadt zu besichtigen.

Auch wenn es Zeit zum Essen ist, haben wir keinen Hunger, weil wir gerade erst gefrühstückt haben. Deswegen entscheiden wir uns etwas wandern zu gehen in einer der schönsten Naturreserven Frankreichs: die Calanques.

Zum Glück kennt Lucie schon ein paar schöne Orte in den Calanques. Es sind Kalkgesteine, die große Klippen über dem Mittelmeer bilden. Die Fauna und die Flora sind einzigartig und die Landschaft ist umwerfend.

Der Nationalpark befindet sich weit entfernt von der Innenstadt und wir müssen mit öffentlichen Verkehrsmitteln fahren. Zum Glück ist Marseille eine Großstadt mit einem guten Bus- und U-Bahnnetz. Wir kommen nach einer Stunde an und beginnen unsere Wanderung.

Während der Wanderung können wir die schöne Landschaft genießen. Die Landschaft ist vielfältig, es gibt Kalkformationen, Strände mit feinem Sand und türkises Wasser. Manchmal machen wir kleine Pausen, um die Natur zu genießen und ein paar Fotos zu machen. Es ist wirklich ein magischer Ort.

Da wir so spät aufgestanden sind, können wir nicht so lange bleiben. Das ist sehr schade… Ich wäre gerne länger in den Calanques geblieben. Wir fahren nach Hause, da ich am nächsten Tag meine Frankreich Tour fortsetzen werde und in eine neue Stadt gehen werde.

Wir haben so viele Orte gesehen, dass uns keine Zeit übriggeblieben ist, um den Zoo zu besuchen. Ich werde ihn das nächste Mal besichtigen, wenn ich Lucie wieder besuche. Am nächsten Tag bringt mich Lucie bis zum Bus, der mich zum Bahnhof bringt. Aber davor gehen wir noch in eine Bäckerei, um mir etwas zu essen für die Reise zu kaufen.

Als ich in den Zug steige, denke ich an die schönen Tage, die ich hier, in einer meiner Lieblingsstädte, verbracht habe. Marseille ist eine bezaubernde Stadt, mit vielen schönen Orten. Die Einwohner sind sehr nett und es ist immer eine gute Stimmung, Jetzt wartet Montpellier auf mich...

Quelques journées à Montpellier

VOKABELN

découvrir	entdecken
la spécialité culinaire	die kulinarische Spezialität
déposer	ablegen
la collection	die Sammlung
la peinture	das Gemälde
le parcmètre	der Parkautomat
le bâtiment	das Gebäude
le siècle	das Jahrhundert
admirer	bestaunen
le marbre	das Marmor
l'exposition temporaire	die Sonderaustellung
le requin	der Hai
la combinaison de plongé	der Taucheranzug
se tenir au courant	sich auf dem laufenden halten
la moule	die Muschel
le récipient	der Behälter
être en couple	ein Paar sein
bronzer	sich sonnen / bräunen
oser	sich trauen
la serviette	das Handtuch
le paréo	das Wickeltuch
le coup de soleil	der Sonnenbrand
le maître-nageur	der Rettungsschwimmer
le masque de plongée	die Taucherbrille
se noyer	ertrinken

le gilet de sauvetage	die Schwimmweste
éclabousser	etwas bespritzen
mouillé	nass
féliciter	gratulieren
grâce à	dank
le coffre	der Kofferraum

Le voyage en train de Marseille à Montpellier ne dure qu'une heure trente. Pour moi, c'est beaucoup plus confortable de voyager en train que de voyager en avion ou en bus. En plus, je peux regarder les paysages par la fenêtre. Je pense que Montpellier va me plaire.

Ma cousine Hélène m'attend à la gare. Elle habite à Montpellier parce qu'elle y étudie l'architecture. Elle va me montrer la ville pendant deux jours. Mon train entre en gare, et je prends mon sac pour descendre du train. Je quitte la voie et me dirige vers le hall de la gare, car Hélène m'a dit qu'elle m'attendrait là-bas.

Quand j'arrive dans le hall, je ne vois pas ma cousine Hélène. Est-ce qu'elle m'a oubliée ? Je traverse le hall et tout d'un coup, j'entends quelqu'un qui crie mon prénom. C'est ma cousine qui m'appelle.

Hélène: Laura, Laura !

Laura: Salut cousine ! Je suis contente de te voir.

Hélène: Tu as fait bon trajet ?

Laura: Très bien. Je me suis endormie.

Je suis un peu fatiguée, mais j'ai très envie de **découvrir** Montpellier. Montpellier est, avec Marseille et Nice, une des plus grandes villes de la côte méditerranéenne française. Il y a beaucoup de petites **spécialités culinaires** locales à Montpellier. Elles sont souvent à base d'huile d'olive et de fruits de mer, puisque Montpellier est aussi proche de la mer.

Ma cousine Hélène est très drôle. Elle a vingt ans et sort beaucoup avec ses amis. Puisque Hélène possède une voiture, nous arrivons chez elle en seulement quinze minutes et je peux y **déposer** ma valise. Hélène me demande ce que j'ai envie de faire, mais je la laisse choisir. Elle connait mieux la ville que moi. Il est onze heures du matin et nous avons donc toute la journée pour profiter de la ville et de son climat.

Pour commencer par quelque chose de stimulant, nous allons au musée Fabre. Ce musée est un des musées d'art les plus connus de France. Il possède une très grande **collection** de **peintures** et de sculptures. Pour ne pas perdre de temps, nous prenons la voiture pour aller au musée. Le musée est au centre-ville et nous devons donc nous garer sur un parking à cinq minutes à pied du musée.

Une fois la voiture garée, Hélène va au **parcmètre** pour payer la place de parking. Nous marchons jusqu'au musée et faisons la queue pour acheter nos tickets d'entrée pour le musée. Je ne sais pas comment c'est à l'intérieur, mais l'extérieur est déjà impressionnant. C'est un beau **bâtiment** du dix-huitième **siècle.** Il est très bien entretenu, puisqu'il a été totalement rénové en 2007.

Après avoir attendu quelque temps, nous arrivons enfin à la caisse. Je demande à l'homme qui est à la caisse de nous donner deux billets d'entrée. L'homme nous demande si nous sommes étudiantes et nous explique que pour les étudiants de moins de vingt-six ans, l'entrée au musée est gratuite. Il nous explique aussi que c'est le cas pour la plupart des musées en France. C'est super !

Ma cousine adore l'art. Depuis plus d'une heure, elle **admire** toutes les incroyables sculptures de **marbre** qu'il y a dans le musée. Nous terminons la visite dans **l'exposition temporaire** et allons manger quelque chose, puisqu'il est déjà midi.

Dans l'après-midi, nous allons au grand aquarium de la ville de Montpellier. Il est plus loin du centre et nous reprenons donc la voiture. Ici par contre, nous devons acheter un ticket. C'est dix-huit euros par personne, mais ça vaut le coup ! La première chose que je vois en entrant est un énorme **requin** qui passe au-dessus de nos têtes. Nous traversons une sorte de tuyau en verre, qui traverse le bassin. D'ici, on peut voir beaucoup de poissons de toutes les couleurs. Nous voyons même des employés dans des **combinaisons de plongée** qui nourrissent les requins.

Nous entrons dans une autre pièce, dans laquelle il y a différents bassins avec des poissons très spéciaux de différentes couleurs. Il y en a un que j'aime particulièrement. Il a une sorte de nez qui ressemble à celui d'un humain. C'est un poisson très remarquable. Ce premier jour à Montpellier est vraiment incroyable et amusant. En plus, nous apprenons beaucoup de choses, que nous n'avions jamais entendues à l'université. Nous retournons chez ma cousine pour nous reposer, parce que nous voulons passer la journée de demain à la plage.

***

Le lendemain, Hélène et moi passons la matinée à faire du shopping et à discuter. Nous ne nous voyons pas très souvent, parce que nous vivons loin l'une de l'autre. C'est donc bien que nous ayons du temps pour nous **tenir au courant** de ce qu'il se passe dans nos vies. Quand il est l'heure de manger, nous cherchons un restaurant à proximité sur internet, où nous pouvons manger à un prix pas trop cher.

Hélène trouve un endroit avec des plats typiques de Montpellier. Ils proposent de la Macaronade, un plat à base de macaronis, et de la brasucade de **moules**. Ce ne sont pas des plats très connus en France, mais ma cousine me dit qu'ils sont vraiment délicieux.

Nous arrivons au restaurant et attendons qu'un serveur arrive. Celui-ci nous accompagne à une table et nous donne les menus. Sur le menu, il y a beaucoup de spécialités culinaires régionales, dont je n'ai jamais entendues parler. Ma cousine me conseille de prendre une brasucade de moules. Elle dit que c'est un vrai plat d'été et que c'est le seul endroit de France où les moules sont préparées de cette façon. Elles sont d'abord cuites dans un **récipient** sur le barbecue, puis on ajoute une sauce. Chaque restaurant met son propre ingrédient secret dans la sauce.

Pendant que nous attendons nos plats, Hélène et moi parlons de nos copains. Elle est **en couple** depuis deux ans avec son copain Mathieu. Il est très sympathique et toujours heureux, mais il n'aime pas trop voyager. Martin, mon copain, est un vrai fan de voyage et il adore m'accompagner lors de mes aventures. C'est vraiment très important pour moi, parce que c'est ma passion de voyager.

Le plat de brasucade est très grand et j'ai du mal à le finir. Hélène, par contre, a déjà terminé et réfléchit à quel dessert elle veut commander. Le serveur a vu sur mon visage, que je n'en pouvais plus et prend mon assiette pour passer au dessert.

Puisque c'est un petit restaurant typique et accueillant, ils ont des desserts français. Ils proposent des fondants au chocolat, des flans, des mousses au chocolat et bien sûr de la glace. Comme toujours, je vais prendre le flan à la vanille avec de la sauce caramel. C'est vraiment typique en France. Hélène commande une mandarine. Elle fait attention à sa ligne.

Nous finissons notre dessert. J'ai tout trouvé délicieux. Maintenant, je veux demander l'addition pour inviter Hélène, parce qu'elle est toujours si gentille avec moi. J'appelle le serveur :

Laura: Excusez-moi, pouvez-vous nous apporter l'addition ?

Le serveur: Oui, j'arrive tout de de suite.

Laura: Merci beaucoup.

Il nous apporte l'addition sur une petite assiette métallique. Cela fait vingt-quatre euros au total. Je lui donne vingt-cinq euros et lui laisse un euro de pourboire. En France, c'est typique de laisser un petit pourboire dans un restaurant, mais dans un café ce n'est pas obligatoire.

Notre projet pour l'après-midi est le suivant : **bronzer** sur la plage, aller nager, boire un verre et louer des jet-skis. Ça a l'air amusant, mais je ne sais pas si j'**oserais** faire du jet-ski toute seule. Ils sont très puissants et ça me fait un peu peur.

Pour aller à la plage, il faut sortir de Montpellier. En voiture, nous prenons vingt minutes pour y aller. Quand nous arrivons à la plage, il y a déjà beaucoup de gens qui jouent au volley, qui bronzent ou qui se rafraichissent dans la mer.

J'ai mon bikini et ma **serviette** dans mon sac à dos et je dois chercher un endroit pour me changer. À environ cinquante mètres, je vois quelque chose qui ressemble à des cabines. Nous y allons pour mettre nos maillots de bain. Quand Hélène sort de la cabine, elle porte un joli bikini rose et un paréo jaune. Moi je porte un bikini vert foncé. Maintenant, nous devons trouver un endroit calme sur la plage pour nous allonger.

Oh non, j'ai oublié ma crème solaire ! Je n'aime pas me mettre au soleil sans me protéger, parce que ma peau est très blanche et que je prends des **coups de soleil** rapidement. Hélène pense qu'elle n'en a pas non plus, mais une femme à proximité nous entend. Elle nous propose d'utiliser un peu de sa crème solaire. Heureusement que les personnes à Montpellier sont aussi accueillantes.

Après environ vingt minutes de relaxation et de bronzage, nous décidons de nous rafraichir. Il y a le drapeau vert sur la plage, nous pouvons donc nous baigner sans problème. Au début, nous avons l'impression que l'eau est froide, mais après deux minutes, c'est très agréable. Les avantages de la Méditerranée...

J'adore me baigner dans la mer, même si je dois absolument prendre une douche quand je ressors. Je n'aime pas du tout sentir le sel sur ma peau. Heureusement, les plages de Montpellier sont très bien équipées. Il y a des douches et pleins d'autres choses nécessaires pour passer une belle journée.

Hélène nage très bien, parce qu'elle a travaillé en tant que **maître-nageur** l'été dernier. En plus, elle adore chercher des poissons avec **le masque de plongée**. Moi, au contraire, je ne sais pas très bien nager, mais je ne me **noie** pas non plus. C'est pour ça que j'ai un peu peur de faire du jet-ski. Hélène m'encourage et me dit que je n'ai pas de soucis à me faire, puisque je vais porter un **gilet de sauvetage** tout le long.

Avant d'aller à l'endroit où on peut louer des jet-skis, nous achetons une glace. Dans le magasin, il y a une superbe atmosphère avec de la musique de Bob Marley en arrière-plan. Tout le monde à l'air très heureux...

Je m'approche du comptoir pour commander, mais il n'y a personne. Une minute plus tard, une femme arrive et s'excuse de nous avoir fait attendre.

Laura: Bonjour ! Une glace fraise-vanille et une glace au nougat pour ma cousine.

La vendeuse: Je vous fais ça tout de suite. Voilà, les filles ! Vos glaces !

Laura: Merci beaucoup, ça a l'air délicieux ! Ça coûte combien ?

La vendeuse: Cinq euros, s'il vous plait.

Laura: Voilà. Merci beaucoup.

Nous allons vers de très beaux rochers, qui se trouvent à côté de la plage, pour nous assoir et manger notre glace. Comme ça, nous pouvons bronzer en même temps. C'est une journée très reposante et amusante. C'est super de pouvoir profiter de Montpellier avec du soleil et avec ma cousine.

Nous mangeons la délicieuse glace et marchons en direction de la location des jet-skis. D'un côté, j'ai envie de le faire, de l'autre côté, je pense que ce n'est pas une bonne idée. Puisque nous sommes en vacances, je décide de le faire et nous payons la location pour une demi-heure pour deux jet-skis. C'est trente euros chacune et nous pouvons les utiliser pendant trente minutes. C'est assez pour une première fois.

Je reçois un jet-ski blanc et bleu. Il est gigantesque et il y a de la place pour deux personnes. Hélène loue un jet-ski blanc et jaune pour elle toute seule. Le professeur nous explique le fonctionnement du jet-ski. Il nous donne un gilet de sauvetage à chacune, et l'aventure peut commencer !

Au début, j'y vais très doucement, parce que je n'arrive pas bien à contrôler la puissance du jet-ski. Entre temps, Hélène conduit déjà à toute vitesse, me dépasse et m'**éclabousse**. Ça doit être l'âge... Après cinq minutes, j'ai compris comment conduire le jet ski à vitesse maximale. La mer est complètement calme. C'est un sentiment incroyable.

Je suis tout le temps **mouillée**, mais je sèche au vent en même temps. C'est la meilleure chose à faire en ce beau jour d'été. Parce que nous nous amusons tant, la demi-heure est passée très rapidement et nous devons rentrer. Le professeur nous **félicite** pour notre bonne pratique et nous rend la caution des jet-skis.

C'était une des meilleures expériences de ma vie. Je me suis beaucoup amusée, et je souhaite déjà pouvoir relouer un jet-ski. Nous prenons une douche à la plage, pour enlever le sable et le sel et nous mettons nos vêtements secs. Nous rentrons à la maison pour dîner et pour nous reposer. Demain je dois prendre le train pour aller à ma prochaine destination : Toulouse !

*** *** ***

Quand nous nous réveillons, nous prenons le petit-déjeuner ensemble avant que j'aille à la gare. Je suis très triste de devoir dire au revoir à ma cousine Hélène. Nous avons beaucoup rigolé et **grâce à** elle, je n'ai plus peur de la vitesse. Maintenant, j'ai encore envie de vacances à la plage, pour m'amuser autant qu'hier.

Puisque je n'ai pas beaucoup de temps, je vais prendre un taxi jusqu'à la gare. J'appelle donc un taxi. Quand le chauffeur de taxi arrive, il m'aide à mettre mes bagages dans son **coffre** et m'emmène à la gare.

Nous arrivons à la gare de Montpellier, et je dois payer quatorze euros pour le taxi. Je n'ai pas l'impression que c'est très cher, parce que le voyage était rapide et que le chauffeur était très sympathique. Il m'aide à sortir ma valise du coffre et me souhaite bon voyage. Cet homme est vraiment gentil.

Quand j'entre dans le hall de la gare, je regarde sur les écrans pour voir sur quelle voie mon train va partir. C'est la voie quatre et je me dépêche donc d'y aller, puisque mon train part déjà dans huit minutes.

J'espère que ma prochaine destination sera aussi belle que Marseille et Montpellier. Jusqu'à présent ce tour de France est vraiment fantastique. Il y a tellement de villes à découvrir.

BEARBEITE NUN DIE VERSTÄNDNISFRAGEN!

Was studiert Hélène in Montpellier?

- ☐ Design
- ☐ Kunst
- ☐ Architektur

Was besichtigen Hélène und Laura zuerst?

- ☐ ein Museum
- ☐ die Architektur
- ☐ den Strand

Wie wird eine typische Brasucades gekocht?

- ☐ Im Kochtopf
- ☐ Auf dem Grill
- ☐ In der Pfanne

Welche Farbe hat Hélènes Bikini?

- ☐ Hellblau
- ☐ Orange
- ☐ Rosa

Wie lange mieten Hélène und Laura die Jetskis?

- ☐ eine Viertelstunde
- ☐ eine halbe Stunde
- ☐ eine Stunde

EIN PAAR TAGE IN MONTPELLIER

Die Zugfahrt von Marseille nach Montpellier dauert nur eineinhalb Stunden. Für mich ist es viel bequemer Zug zu fahren, als
mit dem Flugzeug oder mit dem Bus zu reisen. Außerdem kann
ich aus dem Zug heraus die Landschaft anschauen. Ich glaube,
dass mir Montpellier gut gefallen wird.

Am Bahnhof wartet meine Cousine Hélène auf mich. Sie ist in
Montpellier, weil sie dort Architektur studiert. Sie wird mir die
Stadt zwei Tage lang zeigen. Mein Zug fährt ein und ich nehme
meine Tasche, um den Zug zu verlassen. Ich verlasse das Gleis
und gehe zur Bahnhofshalle, da Hélène mir gesagt hat, dass sie
dort auf mich warten würde.

Als ich in der Bahnhofshalle ankomme, sehe ich meine Cousine
Hélène nirgendwo. Hat sich mich vergessen? Ich spaziere durch
die Halle und plötzlich höre ich, wie jemand meinen Namen
schreit. Meine Cousine ruft mich.

Hélène: Laura, Laura!

Laura: Hallo Cousine! Wie ich mich freue, dich zu sehen.

Hélène: Wie war die Fahrt?

Laura: Sehr gut. Ich bin eingeschlafen.

Ich bin ein bisschen müde, aber ich habe große Lust Montpellier
zu entdecken. Montpellier ist, neben Marseille und Nizza, eine
der größten Städte an der französischen Mittelmeerküste. Es gibt
viele regionale kulinarische Spezialitäten in Montpellier. Häufig
bestehen sie aus Olivenöl und Meeresfrüchten, da Montpellier in
der Nähe des Meeres ist.

Meine Cousine Hélène ist lustig. Sie ist zwanzig Jahre alt und geht viel mit ihren Freunden aus. Da Hélène ein Auto hat, kommen wir in nur fünfzehn Minuten bei ihr zu Hause an und ich kann meinen Koffer abladen. Hélène fragt mich, was ich machen möchte, aber ich lasse sie auswählen. Sie kennt die Stadt besser als ich. Es ist elf Uhr vormittags, also haben wir den ganzen Tag vor uns, um die Stadt und ihr gutes Klima zu genießen.

Um mit etwas Aufregendem zu beginnen, werden wir in das Musée Fabre gehen. Dieses Museum ist einer der bekanntesten Kunstmuseen Frankreichs. Es besitzt eine sehr große Sammlung an Gemälden und Skulpturen. Um keine Zeit zu verlieren, fahren wir mit dem Auto bis zum Museum. Das Museum liegt in der Innenstadt und wir müssen deswegen auf einem Parkplatz parken, der fünf Minuten zu Fuß vom Museum entfernt ist.

Nachdem das Auto geparkt ist, geht Hélène zum Parkautomat, um für den Parkplatz zu bezahlen. Wir gehen dann zu Fuß bis zum Museum und stehen dann in der Schlange, um die Eintrittskarten für das Museum zu kaufen. Ich weiß nicht, wie es drinnen ist, aber von außen ist es beeindruckend. Es ist ein hübsches Gebäude aus dem achtzehnten Jahrhundert. Es ist sehr gut erhalten, da es in 2007 völlig renoviert wurde.

Nachdem wir eine ganze Weile gewartet haben, sind wir endlich an der Kasse. Ich bitte den Herrn an der Kasse um zwei Eintrittskarten für das Museum. Der Mann fragt uns, ob wir Studentinnen sind und erklärt uns, dass für Studierende unter sechsundzwanzig Jahren, der Eintritt frei ist. Er erklärt uns auch, dass das der Fall für die meisten Museen in Frankreich ist. Das ist super!

Meine Cousine liebt Kunst. Seit mehr als einer Stunde bestaunt sie alle Marmorskulpturen, die es im Museum gibt. Wir beenden die Besichtigung mit der Sonderausstellung und gehen essen, weil es schon Mittagszeit ist.

Am Nachmittag gehen wir in das große Aquarium von Montpellier. Es ist weiter weg vom Stadtzentrum und so nehmen wir wieder das Auto. Hier müssen wir allerdings Eintrittskarten zahlen. Sie kosten achtzehn Euro pro Person, aber das ist es wert! Das erste, was wir sehen, als wir hineingehen, ist ein riesiger Hai, der genau über unseren Köpfen vorbeizieht. Wir laufen durch eine gläserne Röhre, die das Becken von innen durchquert. Von hier aus kann man alle bunten Fische sehen. Wir sehen sogar Mitarbeiter im Taucheranzug, die die Haie füttern!

Wir treten in einen anderen Saal, wo es verschiedene Fischbecken mit sehr eigenartigen und bunten Fischen gibt. Es gibt einen, den ich am liebsten mag. Er hat eine Art Nase, die wie die einer Person aussieht. Es ist ein sehr auffälliger Fisch. Dieser erste Tag in Montpellier ist unglaublich und unterhaltsam gewesen. Außerdem lernen wir viele Sachen, die sie uns an der Universität nicht unterrichten. Wir kehren zum Haus meiner Cousine zurück, um uns auszuruhen, weil wir morgen den Tag am Strand verbringen wollen.

***

Am nächsten Morgen verbringen Hélène und ich den Vormittag mit Einkäufen und Gesprächen. Wir sehen uns nicht sehr oft, weil wir weit auseinander wohnen. Somit ist es gut, Zeit zu haben, um uns gegenseitig auf dem Laufenden über unser Leben zu halten. Als es Zeit zum Essen ist, suchen wir im Internet ein naheliegendes Restaurant, wo wir zu einem guten Preis essen können.

Hélène findet einen Ort mit typischen Speisen aus Montpellier. Sie bieten Macaronade, eine Speise auf Basis von Makkaroni, und Brasucade mit Muscheln an. Es sind nicht sehr bekannte Speisen in Frankreich, aber meine Cousine sagt mir, dass sie köstlich sind.

Wir kommen im Restaurant an und warten, dass ein Kellner kommt. Dieser begleitet uns bis zum Esstisch und gibt uns die Speisekarten. In der Speisekarte gibt es viele regionale kulinarische Spezialitäten, von denen ich noch nie gehört habe. Meine Cousine empfiehlt mir die Brasucade mit Muscheln. Sie sagt, dass es ein echtes Sommergericht ist, und dass es der einzige Ort Frankreichs ist, wo die Muscheln so zubereitet werden. Sie werden zuerst in einem Behälter auf dem Grill gekocht und dann wird die Sauce hinzugefügt. Jedes Restaurant hat seine eigene Geheimzutat für die Sauce.

Während wir auf das Essen warten, reden Hélène und ich über unsere Freunde. Sie ist zwei Jahre mit ihrem Freund Mathieu zusammen. Er ist sehr sympathisch und immer glücklich, aber ihm gefällt das Reisen nicht so sehr. Martin, mein Freund, ist ein Fan von Reisen und er liebt es, mich bei meinen Abenteuern zu begleiten. Das ist sehr wichtig für mich, weil das Reisen meine Leidenschaft ist.

Der Teller mit Brasucades ist sehr groß und ich habe Schwierigkeiten alles aufzuessen. Hélène hingegen ist schon fertig und denkt darüber nach, was für einen Nachtisch sie bestellen soll. Der Kellner hat mir im Gesicht angesehen, dass ich nicht mehr kann und nimmt mir den Teller weg, um zum Nachtisch überzugehen.

Da es ein typisches und häusliches, kleines Restaurant ist, sind es typisch französische Nachtische. Sie bieten Schokoladenkuchen, Flan, Schokoladenmousse und natürlich Eiscreme an. Wie immer nehme ich den Vanilleflan mit Karamellsauce. Das ist wirklich typisch in Frankreich. Hélène bestellt eine Apfelsine. Sie achtet zu sehr auf sich...

Wir essen den Nachtisch auf. Ich habe alles köstlich gefunden. Jetzt möchte ich um die Rechnung bitten, um Hélène einzuladen, weil sie immer so nett zu mir ist. Ich rufe den Kellner:

Laura: Entschuldigen Sie, bringen Sie mir die Rechnung, bitte?

Der Kellner: Ja, ich komme sofort.

Laura: Vielen Dank.

Er bringt uns die Rechnung auf einem metallischen Teller. Es sind vierundzwanzig Euro insgesamt. Ich gebe ihm fünfundzwanzig Euro und lasse ihm einen Euro Trinkgeld. In Frankreich ist es typisch ein wenig Trinkgeld in einem Restaurant zu lassen, aber in einem Café ist es kein Muss.

Der Plan für den Nachmittag ist folgender: Ein bisschen zum Sonnen und Baden an den Strand gehen, etwas trinken und Jetskis ausleihen. Das hört sich gut an, aber ich weiß nicht, ob ich mich traue, einen Jetski alleine zu fahren. Sie sind sehr leistungsstark und das macht mir ein bisschen Angst.

Um an den Strand zu gehen, muss man aus Montpellier rausfahren. Mit dem Auto brauchen wir zwanzig Minuten. Als wir am Strand ankommen, gibt es schon viele Leute, die Volleyball spielen, sich sonnen oder einfach ein erfrischendes Bad nehmen.

Ich habe den Bikini und das Handtuch im Rucksack und muss einen Ort finden, um mich umzuziehen. In ungefähr fünfzig Meter Entfernung sehe ich etwas, das wie ein paar Umkleidekabinen aussieht. Wir gehen hin, um unsere Badeanzüge anzuziehen. Als Hélène die Kabine verlässt, trägt sie einen hübschen rosafarbenen Bikini und ein gelbes Wickeltuch. Ich trage einen dunkelgrünen Bikini. Jetzt müssen wir einen ruhigen Platz am Strand suchen, um uns hinzulegen.

Oh nein, ich habe die Sonnencreme vergessen! Mir gefällt es nicht, mich ohne Schutz zu sonnen, weil meine Haut sehr weiß ist und ich schnell Sonnenbrand bekomme. Hélène denkt, dass sie auch keine hat, aber eine Frau, die in unserer Nähe ist, hört uns. Sie bietet uns an, ein bisschen von ihrer Creme zu nehmen. Gut, dass die Menschen in Montpellier sehr gastfreundlich sind.

Nach ungefähr zwanzig Minuten Entspannung und Sonnenbaden entscheiden wir uns für eine Abkühlung. Der Strand hat eine grüne Flagge, wir können also problemlos baden. Zu Beginn kommt einem das Wasser kalt vor, aber nach zwei Minuten ist es angenehm. Vorzüge des Mittelmeers...

Ich liebe es im Meer baden zu gehen, obwohl ich mich dringend duschen muss, wenn ich herauskomme. Mir gefällt es nicht, das Salz auf dem Körper zu spüren. Zum Glück sind fast alle Strände von Montpellier sehr gut ausgestattet. Es gibt Duschen und viele andere Sachen, die notwendig sind, um einen schönen Tag zu verbringen.

Hélène schwimmt sehr gut, weil sie im vergangenen Sommern als Rettungsschwimmerin gearbeitet hat. Außerdem gefällt es ihr, Fische mit ihrer Taucherbrille zu suchen. Ich hingegen kann nicht so gut schwimmen, aber ertrinken tue ich auch nicht. Deswegen macht es mir ein bisschen Angst, mich auf den Jetski zu setzen. Hélène ermutigt mich und sagt mir, dass ich mir keine Sorgen machen muss, weil ich die ganze Zeit eine Rettungsweste tragen werde.

Bevor wir zum Bereich gehen, wo man die Jetskis ausleihen kann, kaufen wir uns Eis. In dem Geschäft ist eine super Atmosphäre und es läuft Musik von Bob Marley im Hintergrund. Hier scheinen alle glücklich zu sein...

Ich nähere mich der Eistheke, um zu bestellen, aber da ist niemand. Nach einer Minute kommt eine Frau und entschuldigt sich bei uns für das Warten.

Laura: Hallo, ich möchte ein Vanille- und Erdbeereis und eins mit Nougat für meine Cousine.

Die Verkäuferin: Das gebe ich Ihnen sofort. So, hier bitte Mädels! Ihr Eis!

Laura: Vielen Dank, wie lecker das aussieht! Wie viel kostet es?

Die Verkäuferin: Fünf Euro, bitte.

Laura: Da haben Sie es. Vielen Dank.

Wir gehen zu ein paar sehr hübschen Felsen, die sich neben dem Strand befinden, um uns zu setzen und das Eis zu essen. So können wir uns zur selben Zeit sonnen. Es ist ein sehr erholsamer und unterhaltsamer Tag. Es ist ein Vergnügen Montpellier mit so schönem Wetter und meiner Cousine zu genießen.

Wir essen das köstliche Eis auf und laufen in Richtung Jetski-Bereich. Auf der einen Seite will ich es machen, aber auf der anderen Seite, denke ich, dass es keine gute Idee ist. Weil wir im Urlaub sind, entscheide ich mich, es zu machen und wir bezahlen die Miete für eine halbe Stunde für zwei Jetskis. Es kostet dreißig Euro für jede von uns und wir können sie dreißig Minuten lang benutzen. Genügend Zeit für den ersten Versuch.

Ich bekomme einen weiß-blauen Jetski. Er ist riesig und hat Platz für zwei Personen, aber Hélène mietet einen weiß-gelben für sich alleine. Der Lehrer erklärt uns kurz die Funktionsweise der Jetskis. Er gibt jeder von uns eine Weste und das Abenteuer kann beginnen!

Am Anfang fahre ich sehr langsam, weil ich die Leistung des Jetski nicht sehr gut kontrollieren kann. In der Zwischenzeit fährt Hélène mit höchster Geschwindigkeit an mir vorbei und bespritzt mich. Das liegt wohl am Alter... Nach fünf Minuten habe ich den Dreh raus und fange an, so schnell zu fahren, wie der Jetski nur kann. Das Meer ist komplett ruhig und der Roller fährt schnell. Es ist ein unglaubliches Gefühl.

Ich werde die ganze Zeit nass und trockne mich im Wind. Das Beste, was es geben kann für diesen fantastischen Sommertag. Weil wir so viel Spaß haben, ist die halbe Stunde bald vorbei und wir müssen zurückkehren. Der Lehrer gratuliert uns zu unserer guten Leistung und gibt uns die Kaution für die Jetskis zurück.

Das ist eine der besten Erfahrungen meines Lebens gewesen. Ich habe viel Spaß gehabt und ich wünsche mir jetzt schon, wieder einen Jetski auszuleihen. Wir duschen uns bei den Strandduschen, um den Sand und das Salz zu entfernen und ziehen uns trockene Kleidung an. Wir gehen nach Hause, um Abend zu essen und uns auszuruhen. Morgen muss ich den Zug für mein nächstes Reiseziel nehmen: Toulouse!

***

Als wir aufwachen, frühstücken wir zusammen, bevor ich zum Bahnhof gehe. Ich bedaure sehr, mich von meiner Cousine Hélène verabschieden zu müssen. Wir haben viel gelacht und sie hat mir die Angst vor der Geschwindigkeit genommen. Jetzt wünsche ich mir noch einen Strandurlaub, um so viel Spaß wie gestern zu haben.

Da ich nicht viel Zeit habe, werde ich ein Taxi bis zum Flughafen nehmen. Ich rufe also ein Taxi an. Als der Taxifahrer ankommt, hilft er mir, den Koffer in den Kofferraum zu legen und bringt mich zum Bahnhof.

Wir kommen am Bahnhof von Montpellier an und ich muss dem Taxifahrer vierzehn Euro zahlen. Es kommt mir nicht teuer vor, weil es sehr schnell und nett war. Er hilft mir, den Koffer aus dem Kofferraum zu heben und wünscht mir eine gute Reise. Der Mann ist wirklich nett.

Beim Eintreten in die Bahnhofshalle suche ich die Bildschirme, um zu sehen auf welchem Gleis mein Zug abfährt. Es ist Gleis vier und ich beeile mich hinzugehen, da der Zug schon in acht Minuten abfährt.

Ich hoffe, dass mein nächstes Reiseziel so schön sein wird wie Marseille und Montpellier. Bis jetzt ist meine Rundreise durch Frankreich fantastisch. Es gibt so viele Städte zu entdecken.

Toujours dans le sud : Toulouse!

VOKABELN

le haut-parleur	der Lautsprecher (Verstärker)
le panneau	das Schild
l'avantage (un)	der Vorteil
l'inconvénient (un)	der Nachteil
louper	verpassen
l'horaire (une)	der Zeitplan
l'emblème (un)	das Symbol
la réservation	die Reservierung
l'ascenseur (un)	der Aufzug
confortable	bequem
la brique	der Backstein
le romain	der Römer
fascinant	faszinierend
l'honneur (un)	die Ehre
le surnom	der Spitzname
fameux /-se	berühmt
la saucisse	die Wurst
l'ambiance (une)	das Ambiente
la confiture	die Marmelade
se répandre	sich ausbreiten
le haricot	die Bohne
le doute	der Zweifel
la façade	die Fassade
embellir	verschönern
l'artiste	der Künstler / die Künstlerin

l'œuvre	das Werk
passer devant quelque chose	an etwas vorbeikommen
l'impression (une)	der Eindruck
le pont	die Brücke
le fleuve	der Fluss
le couple	das Paar
l'espace	das Weltall
la découverte	die Entdeckung
la fusée	die Rakete
partager	teilen
grignoter	knabbern
la charcuterie	französiche Wurstware
échanger	tauschen
rester en contact	in Kontakt bleiben
ancien /-ne	ehemalig / alt
le couvent	das Kloster

Je suis dans le train. Cela fait deux heures que j'ai quitté Montpellier, et le train s'approche déjà de ma destination : Toulouse. Tout le monde raconte de belles choses à propos de cette ville et je veux apprendre à mieux la connaître.

Par les **haut-parleurs**, une voix de femme annonce que nous arrivons au prochain arrêt, Toulouse, dans cinq minutes. Toulouse est dans la région Occitanie, et il y a toujours un bon climat. En été, il fait généralement autour de vingt-cinq degrés. C'est la température parfaite pour découvrir toutes les attractions touristiques de la ville.

Je sors du train et je me retrouve sur le quai avec tous mes bagages. Il y a beaucoup de gens sur le quai et je décide donc d'aller dans le hall de la gare. C'est plus tranquille ici et je prends le temps de me repérer grâce aux **panneaux** dans la gare. Personne ne m'attend ici. Je ne connais personne à Toulouse. Je vais donc passer deux jours toute seule et profiter de cette belle ville. Voyager toute seule a des **avantages** mais aussi des **inconvénients**. Je ne peux pas parler à quelqu'un ou partager des moments drôles, mais je peux faire ce que je veux, quand je le veux. Je peux visiter tous les endroits que j'ai envie de visiter.

D'un autre côté, je ne pense pas que j'aurai du mal à rencontrer quelqu'un ici. C'est l'été. Et en été, les Français sont souvent plus relaxés. On rencontre donc rapidement de nouvelles personnes. En plus, on dit souvent que les Toulousains sont très drôles et ouverts. On dit souvent que les personnes dans le sud de la France ont une autre philosophie que les personnes dans le nord de la France.

Je commence à chercher un arrêt de bus. La gare de Toulouse est au centre-ville, mais avec tous mes bagages, je ne veux pas aller à l'hôtel à pied. Mais je ne trouve pas l'arrêt de bus et je ne vois pas non plus de stand d'information. Je vois un groupe de filles de mon âge, qui ont l'air de connaître la ville et leur demande où est l'arrêt de bus.

Laura: Salut, vous pouvez m'aider ? Je cherche l'arrêt de bus pour me rendre au centre-ville.

Une fille: Salut. C'est juste là, regarde, à côté du stand de taxi.

Laura: Merci beaucoup !

Je vais dans la direction que la fille m'a indiquée et je vois qu'un bus est en train de démarrer. Oh non, j'ai **loupé** le bus ! J'espère que le prochain arrive bientôt. Je regarde sur le panneau d'information sur lequel il y a **les horaires** de bus. Je vois que le prochain bus arrive dans dix minutes. Heureusement !

Le bus est à l'heure. Au centre-ville, le bus ne coûte qu'un euro soixante. Je sors à la Place du Capitole. Le bus a seulement pris dix minutes, la gare n'est vraiment pas loin. J'ai quand même eu le temps d'ouvrir ma boîte mail et de regarder mon compte Instagram.

J'arrive sur la place du Capitole. C'est une place très vivante, sur laquelle il y a beaucoup de gens. Elle date du dix-septième siècle. C'est un des **emblèmes** de la ville. Elle est vraiment grande et majestueuse. Je suis vraiment au milieu du centre historique de Toulouse. Et mon hôtel n'est pas loin d'ici.

La première chose que je fais, c'est sortir mon portable pour chercher l'adresse de l'hôtel avec le GPS. Je veux enfin déposer mes bagages et prendre une douche. Le GPS me dit que je suis à cinq minutes à pied. Je profite donc de l'air toulousain pour marcher le reste du trajet.

J'arrive à l'hôtel et à la réception, il y a un jeune homme très sympathique. Je lui dis que j'ai une **réservation** et je fais le check-in.

Il me donne les clés pour la chambre cent trente-six et je prends l'**ascenseur** pour aller dans ma chambre. C'est super ! Ma chambre est très belle et il y une baignoire avec une option bain à remous. Je vais l'essayer ce soir !

Pendant que je me prépare pour sortir et pour découvrir la ville, je cherche les plus belles attractions touristiques sur mon ordinateur, pour être sûre de ne rien louper. Il est midi, j'ai donc le temps d'aller visiter quelque chose avant d'aller manger.

Je choisis d'aller en premier à la Basilique Saint-Sernin. On m'a dit que c'était un des plus beaux bâtiments historiques de la ville. Puisque mon hôtel est au centre-ville, la basilique est à seulement dix minutes à pied de mon hôtel. Parfait pour ma première visite. J'emporte seulement le nécessaire avec moi pour passer la journée dehors : de l'eau, mon portable, mon appareil photo, mon portemonnaie avec mes papiers et mon argent.

J'ai mis des habits **confortables,** puisque je vais beaucoup marcher aujourd'hui. Sur le chemin pour aller à la basilique, je découvre déjà le charme de cette ville. Beaucoup de bâtiments dans le centre historique de la ville ont été construits avec des **briques** rouges. On dit que celles-ci ont été introduites par les **Romains.** Cela donne un effet **fascinant** à la ville, qui est d'ailleurs surnommée « la ville rose ». On remarque tout de suite que c'est une ville avec une très longue et riche histoire. Toulouse est la plus grande ville d'Occitanie, puisqu'elle compte environ cinq cent mille habitants et est ainsi plus grande que Montpellier.

J'arrive devant la basilique et je suis très impressionnée. Elle est exactement comme je me l'étais imaginée. Elle est construite en brique rouge et fait ainsi **honneur** au **surnom** de la ville.

Comme pour beaucoup de bâtiments historiques en France, l'entrée est gratuite. J'en profite pour voir la basilique aussi de l'intérieur. Elle est vraiment magnifique et lumineuse. Je peux même accéder à la crypte. La basilique date du onzième siècle et est un monument catholique important.

Quand j'ai fini de visiter cette superbe basilique, je remarque que j'ai très faim. Toulouse est connue dans toute la France pour la **fameuse saucisse** de Toulouse. Je cherche donc un restaurant sur internet qui propose des plats avec de la saucisse. Je veux absolument goûter une vraie saucisse toulousaine.

J'en trouve un qui se trouve à cinq minutes à pied. Je pense que c'est un bon restaurant et j'y vais en marchant. J'arrive au restaurant et à l'entrée le serveur m'accueille. Le restaurant a l'air parfait pour moi, il ne semble pas trop luxueux, mais il y a quand même une **ambiance** très agréable. J'espère que les plats sont bons !

Le serveur me montre une belle petite table à côté de la fenêtre et m'apporte le menu. Je l'ouvre et je suis contente de voir que les prix ne sont pas trop chers. Souvent les restaurants sont plus chers dans les grandes villes, surtout en été, quand il y a beaucoup de touristes.

Je regarde le menu et décide de prendre un peu de foie gras en entrée. C'est une entrée traditionnelle en France et qui est beaucoup mangée à Toulouse. Comme plat principal, je choisis un cassoulet avec des saucisses de Toulouse. Pour accompagner le plat, je choisis un verre de vin blanc. Le serveur reprend la carte et me sert le verre de vin. Il est très professionnel et organisé. On remarque que le service est bien organisé dans ce restaurant.

Quelques minutes plus tard, le serveur arrive avec l'assiette de foie gras. Le foie gras est accompagné d'une **confiture** d'abricot et de quelques morceaux de pain. Je goûte et c'est vraiment excellent. Je suis très contente d'avoir choisi cette entrée.

Un peu plus tard, le serveur revient et me demande si tout va bien. Je lui dis que tout est parfait. Quand j'ai fini mon entrée, il vient prendre mon assiette et revient quelques minutes plus tard avec le cassoulet. Dès qu'il sort de la cuisine, l'odeur du cassoulet se **répand**. L'odeur est déjà délicieuse et j'ai hâte de goûter le fameux cassoulet toulousain.

Quand le serveur arrive devant moi, je suis surprise. Le plat de cassoulet est immense. Je pense que c'est trop pour moi. Mais, je vais quand même essayer de vider le plat, puisque j'ai encore très faim. Je commence à manger le cassoulet et je me réjouis d'avoir choisi ce plat. Il est vraiment représentatif de Toulouse. C'est un plat à base de **haricots** blancs et de viande. Contrairement à ce que je pensais, j'ai réussi à finir le plat en entier, tellement c'était bon.

Le serveur très élégant m'apporte le menu pour que je puisse choisir un dessert. Mais, je ne suis pas sûre de pouvoir en manger un. Tous mes **doutes** s'envolent quand je vois les photos des desserts. Ils ont l'air délicieux ! Je choisis une mousse au chocolat blanc, puisque c'est très rare comme dessert. Le dessert est assez cher, mais je pense que ça vaut le coup.

Enfin, mon dessert arrive. Il est exactement comme sur la photo et il est délicieux. Cependant, je n'arrive pas à le finir. Je demande au serveur de m'apporter l'addition. Je pense aussi que j'ai besoin de me reposer un peu après avoir autant mangé !

L'addition est de trente euros cinquante. Je pense que c'est un bon prix pour la quantité et la qualité des plats. Je quitte le restaurant et cherche mon portable. Je vais maintenant devoir utiliser un plan de la ville, parce que je vais faire quelque chose de très spécial : un tour des graffitis de la ville.

Un ami à moi m'a expliqué qu'on pouvait voir beaucoup d'art urbain à Toulouse. Il m'a dit qu'il y a beaucoup de **façades** qui ont été **embellies** par des **artistes**. Puisqu'il s'y connait bien, il m'a dit quelques adresses où je pourrais voir de belles fresques. Je les ai enregistrées dans mon portable et je peux donc maintenant tranquillement me promener dans la ville pour les découvrir. Bien sûr, il est aussi possible de payer pour un tour de la ville à l'office du tourisme, mais aujourd'hui je préfère découvrir ces **œuvres** toute seule.

C'était une merveilleuse idée de faire ce tour de la ville. D'un côté, je découvre des œuvres d'art incroyables, d'artistes que je ne connaissais pas avant, et de l'autre côté, c'est un excellent moyen de découvrir la ville. Je **passe devant** des petites boutiques de produits locaux, comme du savon, des bonbons à la violette et d'autres sucreries. En plus, cela permet d'avoir une première **impression** des habitants de la ville. Ils ont l'air très relaxés et joyeux. Mais ça, c'est peut-être parce que c'est l'été et que tout le monde aime l'été.

Pour arriver à la première œuvre, je prends environ cinq minutes. C'est une œuvre très colorée avec beaucoup de détails. Elle montre la joie de vivre. C'est vraiment une œuvre superbe. Incroyable !

Je continue ma promenade et en chemin, je vois une œuvre qui montre le visage d'un enfant. Sur un autre mur, il y a de l'art plus abstrait. Je remarque vraiment le côté artistique de la ville. En me promenant, je décide de prendre une glace. Il fait chaud et ça me rafraichira. Je m'arrête donc chez un vendeur de glace et m'achète un sorbet au citron. Avec la glace en main, c'est encore plus agréable de visiter tous ces endroits.

En tout, j'ai vu huit œuvres. Ma préférée était quand même la première, mais je suis très heureuse de les avoir toutes vues. Il est déjà assez tard, presque vingt heures. Je n'ai toujours pas très faim, puisque j'ai beaucoup mangé à midi et que j'ai mangé une glace dans l'après-midi. Je décide donc de juste m'acheter une crêpe sucrée à un stand.

En mangeant, je décide d'aller voir le **Pont**-Neuf avant d'aller à l'hôtel pour me coucher. Ce pont passe par-dessus la Garonne, le **fleuve** qui traverse la ville. C'est un emblème de la ville de Toulouse. En plus, le soir il est éclairé par des lumières. C'est donc très beau, on se croirait sur une carte postale.

Pendant que je me promène autour du pont, un **couple** m'arrête pour me demander comment aller à la Place Saint-Georges. Je leur dis que je ne suis pas d'ici et que je ne peux pas les aider. Ils me demandent d'où je viens et nous parlons un peu des endroits que nous avons déjà visités. Ils sont très gentils et nous nous donnons donc rendez-vous demain pour visiter le musée de la cité de l'**espace** ensemble. Ils s'appellent Anaïs et Julien. Même si ce n'est pas mal de voyager toute seule, je préfère partager mes expériences avec d'autres personnes. Je suis donc heureuse d'avoir rencontré ce couple.

Je suis très fatiguée et j'ai très envie d'aller à l'hôtel. Je marche depuis très longtemps. Quand j'arrive à l'hôtel, je me brosse les dents et me couche dans le lit. Je suis tellement fatiguée que je m'endors tout de suite, même s'il n'est que dix heures et demi du soir. En plus, j'ai une longue journée qui m'attend demain et je dois bien me reposer.

***

C'est déjà le matin et je prends mon petit déjeuner au buffet de l'hôtel. J'adore ce genre de petit-déjeuner, puisque je peux choisir entre pleins de choses délicieuses. Comme ça, je peux commencer ma journée avec beaucoup d'énergie. Le planning de la journée est de retrouver Anaïs et Julien pour visiter la cité de l'espace. C'est un parc d'attraction sur l'histoire de l'exploration de l'espace.

Nous nous sommes donnés rendez-vous à neuf heures trente à l'entrée de la cité de l'espace. Elle n'est pas au centre-ville et j'ai donc pris le bus pendant une demi-heure pour y arriver. Je viens d'arriver et je les vois déjà. C'est facile de les reconnaître parce que Julien fait presque deux mètres et qu'Anaïs est très petite.

Nous achetons les tickets d'entrée. Ils coûtent dix-huit euros par personne, ça me semble correct pour un tel parc d'attraction. Chacun paie son propre ticket et nous entrons pour commencer notre visite. Puisqu'il est encore assez tôt, il n'y a pas encore trop d'autres touristes. C'est une attraction touristique connue et appréciée, surtout par les familles !

Dans la cité, nous décidons d'aller d'abord au planétarium. Julien est passionné par l'espace et nous explique beaucoup de choses sur les constellations des planètes. Je suis donc très heureuse de faire la visite avec lui, car j'apprends beaucoup de choses. Après le planétarium, nous allons dans la salle d'exposition principale.

Ici, il y a plein d'activités interactives pour comprendre l'univers et apprendre l'histoire de **la découverte** de l'espace. C'est vraiment très amusant et nous prenons beaucoup de plaisir à découvrir les différentes attractions. Mon attraction préférée est la projection vidéo qui permet de voyager dans le passé de notre univers. C'est vraiment fantastique.

Avant de partir, nous n'oublions pas de prendre une photo devant l'immense **fusée** de cinquante-cinq mètres de haut qui se trouve au milieu du parc. C'est vraiment impressionnant de voir une fusée d'aussi près.

Nous retournons ensemble au centre-ville et allons dans un bar pour boire quelques bières et **partager** une planche apéro. C'est une façon typique de **grignoter** avec des amis en France. Sur une planche apéro, il y a souvent de la **charcuterie**, différents fromages, des olives et du pain. Mais c'est différent de région en région. C'est parfait pour accompagner une bière.

Quand nous avons fini de manger, je dis au revoir à Anaïs et Julien. Ils prennent le train pour rentrer, puisqu'ils travaillent demain. Nous **échangeons** nos numéros de téléphone et nos comptes Instagram pour pouvoir **rester en contact**.

Cet après-midi, je veux visiter le Musée des Augustins. C'est un musée d'art au milieu de la ville. Ce musée est très particulier, puisque le bâtiment est l'**ancien couvent** des Augustins de Toulouse. Comme tous les autres anciens bâtiments de la ville, il est construit en briques rouges. Il est magnifique de l'extérieur.

Je passe un peu de temps à l'intérieur du musée qui, comme la plupart des musées en France, est gratuit pour les jeunes. Les œuvres d'art sont bien sûr incroyables, mais c'est également très agréable de s'assoir dans l'ancien jardin du couvent et de profiter de l'atmosphère.

Je quitte le musée et je vais à l'hôtel. Je suis triste de devoir dire au revoir à Toulouse et à l'ambiance de cette ville. Je prends le train à six heures et demi du soir, pour aller à ma prochaine destination : Bordeaux. Cette fois, c'est une ville de la côte atlantique française, que j'ai hâte de visiter.

J'arrive à l'hôtel et je fais ma valise. Comme à l'aller, je prends le bus pour aller à la gare. Cela ne prend pas longtemps. Je profite des dix minutes de bus pour jeter un dernier coup d'œil à la ville rose.

Au revoir Toulouse !

Bearbeite nun die Verständnisfragen!

Was macht Laura auf dem Weg ins Stadtzentrum?

- ☐ Essen
- ☐ Emails überprüfen
- ☐ Mit ihrer Mutter telefonieren

Wie viele Einwohner hat Toulouse?

- ☐ 700000
- ☐ 500000
- ☐ 900000

Warum macht Laura eine Graffiti Tour?

- ☐ Weil es von der Touristeninformation angeboten wird
- ☐ Weil sie Kunst liebt
- ☐ Weil ein Freund es ihr empfohlen hat

Wie groß ist die Rakete in der Cité de l'Espace?

- ☐ 65 Meter
- ☐ 55 Meter
- ☐ 45 Meter

Was war die ursprüngliche Funktion des Musée des Augustins?

- ☐ Zuhause von Adligen
- ☐ Kloster
- ☐ Schloß

IMMER NOCH IM SÜDEN: TOULOUSE!

Ich bin im Zug. Vor zwei Stunden habe ich Montpellier verlassen und der Zug nähert sich schon meinem Ziel: Toulouse. Alle erzählen wunderschöne Sachen über diese Stadt und ich möchte sie näher kennenlernen.

Durch die Lautsprecher kündigt eine Frauenstimme an, dass der nächste Halt, Toulouse, in fünf Minuten erreicht wird. Toulouse liegt in der Region Okzitanien und dort ist immer ein gutes Klima. Im Sommer sind es immer um die fünfundzwanzig Grad. Das ist die perfekte Temperatur, um alle Sehenswürdigkeiten der Stadt zu erkunden.

Ich steige aus dem Zug und stehe mit meinem ganzen Gepäck auf dem Gleis. Es sind viele Menschen auf dem Gleis und ich entscheide in die Bahnhofshalle zu gehen. Es ist ruhiger und ich habe Zeit mich dank der Schilder im Bahnhof zurechtzufinden. Hier wartet niemand auf mich. Ich kenne niemanden in Toulouse. Ich werde also zwei Tage allein sein und diese schöne Stadt genießen. Allein zu reisen hat seine Vorteile und Nachteile. Ich kann mit niemandem reden oder lustige Momente teilen, aber ich kann das machen, worauf ich Lust habe, wann ich es möchte. Ich kann alle Orte besichtigen, auf die ich Lust habe.

Andererseits glaube ich nicht, dass ich hier Probleme haben werde jemanden kennenzulernen. Es ist Sommer. Und im Sommer sind Franzosen meistens etwas gelassener. Man lernt also schnell Menschen kennen. Außerdem sagt man häufig, dass die Einwohner von Toulouse sehr witzig und offen sind. Man sagt häufig, dass die Menschen im Süden Frankreichs eine ganz andere Lebensphilosophie haben als die Leute im Norden des Landes.

Ich beginne die Haltestelle für die Busse zu suchen. Der Bahnhof von Toulouse ist im Stadtzentrum, aber mit meinem ganzen Gepäck möchte ich nicht zu Fuß zum Hotel gehen. Aber ich finde die Bushaltestelle nicht und sehe auch keine Informationsstelle. Ich sehe eine Gruppe von Mädchen in meinem Alter, die so aussehen, als würden sie die Stadt gut kennen und frage sie, wo die Bushaltestelle ist.

Laura: Hallo, könnt ihr mir helfen? Ich suche die Haltestelle für die Busse, die ins Stadtzentrum fahren.

Ein Mädchen: Hallo. Es ist da, schau, neben dem Taxistandplatz.

Laura: Vielen Dank!

Ich gehe in die Richtung, die mir das Mädchen gezeigt hat und sehe, dass der Bus gerade abfährt. Oh nein, ich habe den Bus verpasst! Ich hoffe, dass der nächste bald kommt. Ich schaue auf das Informationsschild, auf dem der Busfahrplan steht. Ich sehe, dass der nächste Bus in zehn Minuten kommt. Zum Glück!

Der Bus kommt pünktlich an. Im Stadtzentrum kostet die Busfahrt nur ein Euro sechzig. Ich steige beim Place du Capitole aus. Der Bus hat nur zehn Minuten hierher gebraucht, der Bahnhof ist wirklich nicht weit weg. Ich hatte trotzdem Zeit meine Mails zu checken und meinen Instagram Account anzuschauen.

Ich komme auf dem Place du Capitole an. Es ist ein sehr lebendiger Platz, wo viele Personen herumlaufen. Er ist aus dem siebzehnten Jahrhundert und ist eines der Markenzeichen der Stadt. Er ist wirklich groß und majestätisch. Ich bin wirklich im Herzen der historischen Innenstadt von Toulouse. Und mein Hotel ist ganz in der Nähe.

Das Erste was ich mache, ist mit dem GPS meines Handys die Hoteladresse finden. Ich möchte endlich den Koffer abstellen und mich duschen. Die Handykarte sagt mir, dass ich fünf Minuten zu Fuß entfernt bin. Ich genieße die Luft von Toulouse und gehe den Rest der Strecke.

Ich komme im Hotel an und an der Rezeption ist ein sehr junger und netter Mann. Ich sage ihm, dass ich eine Reservierung habe und mache den Check-in. Er gibt mir die Schlüssel für das Zimmer mit der Nummer einhundertsechsunddreißig und ich fahre mit dem Fahrstuhl zu meinem Zimmer. Wie cool! Mein Zimmer ist sehr hübsch und hat eine Badewanne mit Whirlpool-Option. Ich werde es heute Abend ausprobieren.

Während ich mich fertigmache, um auszugehen und die Stadt kennenzulernen, suche ich mit dem Laptop die wichtigsten Sehenswürdigkeiten, damit ich nichts verpasse. Es ist zwölf Uhr mittags, also habe ich noch Zeit etwas zu sehen, bevor ich essen gehe.

Ich wähle als erstes zur Basilika Saint-Sernin zu gehen. Mir wurde gesagt, dass es eines der schönsten historischen Gebäude der Stadt ist. Da mein Hotel in der Innenstadt ist, brauche ich zur Basilika nur zehn Minuten. Das ist perfekt für meine erste Besichtigung. Ich packe das Notwendigste, um den Tag draußen zu verbringen: Wasser, mein Telefon, meine Kamera, mein Portemonnaie mit meinen Unterlagen und meinem Geld.

Ich habe mir bequeme Kleidung angezogen, weil ich heute viel laufen werde. Auf dem Weg zur Basilika mache ich mir schon mal einen Eindruck von dem Charme dieser Stadt. Viele der Gebäude im historischen Zentrum der Stadt sind mit roten Backsteinen gebaut. Man sagt, dass diese aus der Römerzeit stammen. Dadurch entsteht ein faszinierender Effekt, und die Stadt trägt deswegen auch den Spitznamen „die Rosa Stadt". Man merkt sofort, dass es eine Stadt mit einer sehr reichen und umfassenden Geschichte ist. Toulouse ist die größte Stadt in Okzitanien, da sie etwa fünfhunderttausend Einwohner zählt und damit größer ist als Montpellier.

Ich komme an der Basilika an und bin sehr beeindruckt. Sie ist genau wie ich sie mir vorgestellt hatte. Sie ist mit roten Backsteinen gebaut und ehrt somit den Spitznamen der Stadt.

Wie bei vielen historischen Gebäuden Frankreichs ist der Eintritt frei. Ich nutze das aus, um die Basilika auch von innen zu sehen. Sie ist wirklich wunderschön und lichtdurchflutet. Ich kann sogar die Krypta besichtigen. Die Basilika ist aus dem elften Jahrhundert und ist ein wichtiges katholisches Monument.

Als ich fertig damit bin, diese großartige Basilika zu besichtigen, bemerke ich, dass ich großen Hunger habe. Toulouse kennt man in ganz Frankreich für die bekannte Toulouser Wurst. Ich suche also im Internet irgendein Restaurant, das Speisen mit dieser Wurst anbietet. Ich will auf jeden Fall einmal eine echte Toulouser Wurst probieren.

Ich finde eins, das fünf Minuten von mir entfernt ist. Ich glaube, es ist ein gutes Restaurant und gehe zu Fuß dorthin. Ich komme im Restaurant an und im Eingangsbereich bedient mich ein Kellner. Das Restaurant scheint perfekt für mich zu sein. Es ist nicht zu luxuriös aber die Stimmung ist dennoch sehr angenehm. Ich hoffe die Speisen sind lecker!

Der Kellner zeigt mir einen kleinen Tisch neben dem Fenster und bringt mir die Karte. Ich öffne sie und bin glücklich, dass die Preise nicht so hoch sind. Meistens ist das Essen in Großstädten teurer, vor allem im Sommer, wenn es viele Touristen gibt.

Ich schaue auf die Karte und entscheide mich für Foie gras als Vorspeise. Es ist eine traditionelle Vorspeise in Frankreich und wird viel in Toulouse gegessen. Als Hauptspeise wähle ich das Cassoulet mit der Toulouser Wurst. Um das Gericht zu begleiten, entscheide ich mich für ein Glas Weißwein. Der Kellner nimmt die Karte wieder an sich und bringt mir das Glas Wein. Er ist sehr professionell und höflich. Man merkt, dass das Restaurant einen sehr organisierten Service hat.

Nach wenigen Minuten kommt der Kellner mit einem Teller Foie gras zurück. Dieses wird mit Aprikosengelee und ein paar Brotstücken serviert. Ich probiere es und es ist wirklich köstlich. Ich bin sehr glücklich, diese Vorspeise gewählt zu haben.

Ein wenig später kehrt der Kellner zurück, um mich zu fragen, ob alles in Ordnung ist. Ich sage ihm, dass es perfekt ist. Als ich mit der Vorspeise fertig bin, nimmt er den Teller weg und nach wenigen Minuten kommt er mit dem Cassoulet zurück. Sobald der Kellner aus der Küche kommt, breitet sich der Geruch des Cassoulet aus. Der Geruch ist schon köstlich und ich möchte es unbedingt kosten.

Als der Kellner kommt, bin ich überrascht. Der Teller mit Cassoulet ist riesig. Ich glaube es ist zu viel für mich. Ich werde aber trotzdem versuchen aufzuessen, da ich noch sehr hungrig bin. Ich beginne das Cassoulet zu essen und bin sehr glücklich dieses Gericht ausgesucht zu haben. Es ist wirklich ein Markenzeichen von Toulouse. Das Gericht besteht aus weißen Bohnen und Fleisch. Es war so lecker, dass ich es aufgegessen habe, obwohl ich dachte, dass ich es nicht schaffe.

Der elegante Kellner bringt mir eine Karte, damit ich einen Nachtisch aussuchen kann. Ich bin mir aber nicht sicher, ob ich noch einen hinunterbekomme. Alle meine Zweifel verschwinden als ich die Fotos der Nachspeisen sehe. Wie köstlich! Ich wähle ein weißes Schokoladen-Mousse aus, da es ein sehr seltener Nachtisch ist. Der Nachtisch ist ziemlich teuer, aber ich glaube, das ist es wert.

Endlich kommt mein Nachtisch. Er sieht genauso gut aus wie auf dem Foto und er ist köstlich. Ich schaffe es aber leider nicht ihn aufzuessen. Ich bitte den Kellner mir die Rechnung zu bringen. Ich glaube, ich brauche einen Mittagsschlaf, nachdem ich so viel gegessen habe!

Die Rechnung beträgt dreißig Euro und fünfzig Cent. Ich denke, dass es für die Qualität und die Quantität ein fairer Preis ist. Ich verlasse das Restaurant und suche mein Handy. Ich brauche jetzt eine Karte der Stadt, weil ich etwas ganz Besonderes vorhabe: Eine Graffititour durch die Stadt.

Ein Freund von mir hat mir erklärt, dass man viel Graffitikunst in Toulouse sehen kann. Er hat mir gesagt, dass viele Fassaden durch Künstler verschönert wurden. Da er sich gut damit auskennt, hat er mir Adressen genannt, an denen ich schöne Werke sehen kann. Ich habe sie in meinem Handy gespeichert und kann also gemütlich in der Stadt spazieren, um sie zu entdecken. Natürlich kann man bei der Tourismusinformation auch für eine Tour zahlen, aber heute entdecke ich diese Kunstwerke lieber ganz allein.

Es war eine wundervolle Idee diese Stadttour zu machen. Auf einer Seite entdecke ich unglaubliche Kunstwerke von Künstlern, die ich noch nicht kannte, und auf der anderen Seite ist es eine tolle Art die Stadt zu entdecken. Ich komme an kleinen Geschäften mit lokalen Produkten, wie Seife, Bonbons aus Veilchen und anderen Süßigkeiten, vorbei. Außerdem erlaubt es mir, einen ersten Eindruck über die Einwohner der Stadt zu gewinnen. Sie scheinen sehr entspannt und glücklich. Aber das kann auch am Sommer liegen, alle lieben den Sommer.

Bis zum ersten Kunstwerk brauche ich fünf Minuten. Es ist ein sehr buntes Kunstwerk mit sehr vielen Details. Es strahlt sehr viel Lebensfreude aus. Es ist wirklich ein tolles Werk. Wahnsinn!

Ich setze meinen Spaziergang fort und auf dem Weg sehe ich ein Kunstwerk, dass das Gesicht eines Kindes zeigt. Auf einer anderen Mauer gibt es etwas abstraktere Kunst. Ich bemerke wirklich die künstlerische Seite der Stadt. Während ich spaziere, entscheide ich mich dazu, ein Eis zu essen. Es ist warm und es wird mich erfrischen. Ich halte also bei einem Eisverkäufer an und kaufe mir ein Zitronensorbet. Mit dem Eis in der Hand ist es noch angenehmer diese ganzen Orte zu besichtigen.

Insgesamt habe ich acht Kunstwerke gesehen. Mein Lieblingswerk war das erste, aber ich bin sehr glücklich, sie alle gesehen zu haben. Es ist schon etwas spät, fast zwanzig Uhr. Ich habe noch keinen großen Hunger, weil ich viel zu Mittag und ein Eis am Nachmittag gegessen habe. Ich entscheide also nur eine süße Crêpe an einem Stand zu kaufen.

Während ich esse, entscheide ich mich dazu die Pont-Neuf Brücke noch anzuschauen, bevor ich ins Hotel gehe, um mich schlafen zu legen. Diese Brücke steht über der Garonne, dem Fluss, der die Stadt durchquert. Sie ist eine der Markenzeichen der Stadt Toulouse. Außerdem ist sie nachts beleuchtet. Es ist also sehr hübsch, wie eine Postkarte.

Während ich in der Nähe der Brücke spaziere, hält mich ein Pärchen an, um mich zu fragen, wie sie zum Place Saint-Georges kommen. Ich sage ihnen, dass ich nicht von hier bin und ihnen nicht helfen kann. Sie fragen mich, woher ich komme und wir reden ein bisschen darüber, was wir schon besucht haben. Sie sind so nett und wir entscheiden uns, uns morgen zu treffen, um gemeinsam die Cité de l'Espace zu besichtigen. Sie heißen Anaïs und Julien. Obwohl es nicht schlecht ist, allein zu reisen, bevorzuge ich doch, die Erlebnisse mit anderen Personen zu teilen, deshalb freue ich mich, dieses Pärchen kennengelernt zu haben.

Ich bin sehr müde und habe große Lust zum Hotel zu gehen. Ich gehe schon sehr lange. Bei meiner Ankunft im Hotel putze ich meine Zähne und lege mich ins Bett. Ich bin so müde, dass ich gleich einschlafe, auch wenn es gerade mal halb elf ist. Außerdem erwartet mich morgen ein weiterer langer Tag und ich muss mich gut ausruhen.

***

Nun ist es schon Morgen und ich gehe hinunter zum Hotel-Buffet, um zu frühstücken. Ich liebe diese Art von Frühstück, weil ich viele leckere Sachen zum Auswählen habe. So kann ich meinen Tag mit viel Kraft beginnen. Der heutige Plan ist Anaïs und Julien zu treffen, um die Cité de l'Espace zu besichtigen. Es ist ein Themenpark über die Geschichte der Weltallerforschung.

Wir haben uns um halb zehn am Eingang der Cité de l'Espace verabredet. Der Park ist nicht in der Innenstadt, ich bin also eine halbe Stunde mit dem Bus dorthin gefahren. Ich bin eben angekommen und ich sehe sie schon. Es ist sehr leicht sie zu erkennen, weil Julien fast zwei Meter groß ist und sie sehr klein ist.

Wir kaufen die Eintrittskarten. Sie kosten achtzehn Euro pro Person, es scheint ein fairer Preis für so ein Erlebnispark zu sein. Jeder bezahlt seine eigene Karte und wir gehen hinein, um die Besichtigung zu beginnen. Da es noch sehr früh ist, sind nicht viele andere Touristen hier. Es ist eine sehr bekannte und beliebte Sehenswürdigkeit, vor allem für Familien!

In der Cité de l'Espace entscheiden wir uns dazu, zuerst zum Planetarium zu gehen. Julien liebt das Weltall und erklärt uns viele Sachen über die Konstellation der Planeten. Ich bin also sehr glücklich die Besichtigung mit ihm zu machen, da ich sehr viel lerne. Nach dem Planetarium gehen wir zur Hauptausstellung. Hier gibt es viele interaktive Ausstellungsstücke, um das Universum zu verstehen und etwas über die Geschichte der Entdeckung des Weltalls zu lernen. Es ist sehr unterhaltsam und wir haben viel Spaß dabei, die verschiedenen Ausstellungsstücke zu entdecken. Mein Lieblingserlebnis ist ein Film, der einem in die Vergangenheit unseres Universums reisen lässt. Das ist wirklich fantastisch.

Bevor wir gehen, vergessen wir natürlich nicht ein Foto vor der riesigen fünfundfünfzig Meter hohen Rakete zu machen, die in der Mitte des Parks steht. Es ist beeindruckend eine Rakete von so nah zu sehen.

Wir kehren zusammen zurück in die Innenstadt und gehen in eine Bar, um ein paar Biere zu trinken und eine „Planche Apéro" zu teilen. Es ist typisch in Frankreich, etwas zum Knabbern mit seinen Freunden zu teilen. Auf einer Planche Apéro gibt es häufig Wurstwaren, verschiedene Käsesorten, Oliven und Brot. Es ist aber von Region zu Region unterschiedlich. Es ist perfekt, um ein Bier zu trinken.

Als wir mit dem Essen fertig sind, verabschiede ich mich von Anaïs und Julien. Sie nehmen den Zug nach Hause, weil sie morgen arbeiten. Wir tauschen Telefonnummern und unsere Instagram Accounts aus, um in Kontakt zu bleiben.

Am Nachmittag will ich das Musée des Augustins besichtigen. Es ist ein Kunstmuseum in der Mitte der Stadt. Es ist ein sehr besonderes Museum, da das Gebäude das ehemalige Augustinerkloster von Toulouse ist. Wie alle historischen Gebäude der Stadt ist es mit roten Backsteinen gebaut. Es ist von außen wunderschön.

Ich verbringe etwas Zeit im Inneren des Museums, das wie die meisten Museen in Frankreich kostenlos für junge Menschen ist. Die Kunstwerke sind natürlich unglaublich. Es ist aber auch sehr angenehm sich in den ehemaligen Klostergarten zu setzen und einfach die Atmosphäre auf sich wirken zu lassen...

Ich verlasse das Museum und gehe zum Hotel. Ich bedauere sehr, mich von Toulouse und dem Ambiente dieser Stadt verabschieden zu müssen. Ich nehme den Zug um halb sieben am Abend mit Bordeaux als Reiseziel. Dieses Mal ist es eine Stadt an der französischen Atlantikküste, auf die ich gespannt bin.

Ich komme im Hotel an und packe meinen Koffer. Wie schon für den Hinweg nehme ich den Bus, um zum Bahnhof zu fahren. Das braucht nicht viel Zeit. Ich nutze die zehn Minuten im Bus, um einen letzten Blick auf die rosa Stadt zu werfen.

Auf Wiedersehen, Toulouse!

Bordeaux, entre modernité et histoire

VOKABELN

changer de train	umsteigen
par coeur	auswendig
le vin	der Wein
le jour de congé	der freie Tag bei der Arbeit
la chambre d'amis	das Gästezimmer
farci	gefüllt (Essen)
fait maison	hausgemacht
la lune de miel	die Flitterwochen
bailler	gähnen
reconnaissant	dankbar
confus/e	verwirrt
l'hôte	der Gastgeber/Die Gastgeberin
la rive	das Ufer
la surprise	die Überraschung
refuser	sich weigern
le sens	der Sinn
l'ouïe (une)	das Gehör
approfondir	vertiefen
la dégustation	die Kostprobe
la proposition	der Vorschlag
recommander	empfehlen
faire confiance à quelqu'un	jemandem vertauen
pour des raisons professionnelles	aus beruflichen Gründen
nécessaire	notwendig
le poste	die Stelle

la cloche	die Glocke
l'époque médiévale	das Mittelalter
le miroir	der Spiegel
la profondeur	die Tiefe
refléter	widerspiegeln
le quartier	das Viertel
la librairie	die Buchhandlung
la friperie	der Secondhandladen
la fontaine	der Brunnen
guider	führen
la chaleur	die Hitze
la blague	der Witz

J'arrive à Bordeaux après seulement deux heures et quart de route, mais j'ai dû **changer de train** pendant le trajet. A la gare, Christine et Éric, des bons amis de mes parents, m'attendent.

Nous sommes amis depuis de nombreuses années et nous nous voyons tous les étés. Ce sont des bons amis et je veux passer un jour et demi avec eux. Puisqu'ils viennent de Bordeaux, ils connaissent la ville **par cœur**.

Bordeaux compte un peu moins de trois cent mille habitants et on peut donc bien visiter la ville en se promenant, sans devoir utiliser les transports publics. Comme Toulouse, Bordeaux est traversée par le fleuve Garonne. Bordeaux est bien sûr connue pour le **vin**, puisque la ville se trouve dans la région Nouvelle-Aquitaine.

J'arrive à la gare de Bordeaux et je vois tout de suite Christine et Éric. Je leur ai déjà parlé par WhatsApp et ils ont pris un **jour de congé** pour passer du temps avec moi. Ils m'attendent sur le quai, je les prends dans mes bras et nous allons dans le hall de la gare. Christine porte une très belle robe à fleurs et Éric porte une chemise élégante ; il s'habille toujours très bien.

Je suis très heureuse de les voir, et je sais qu'ils sont très contents aussi, parce que c'est comme s'ils faisaient partie de la famille. Il est trop tard pour encore visiter des attractions touristiques aujourd'hui. Il est presque neuf heures du soir et nous allons directement à la maison pour déposer mes affaires et dîner ensemble.

La gare se trouve un peu en dehors, au sud du centre-ville. Mes amis habitent au nord du centre-ville, mais à pied, ils prennent vingt minutes pour arriver au centre historique de Bordeaux.

Ils sont venus en voiture pour que nous puissions mieux transporter ma valise. En voiture, nous prenons seulement dix minutes pour arriver chez eux. Nous entrons dans la maison et je vois qu'ils m'ont préparé **la chambre d'amis**. Ils ont aussi préparé le dîner : des tomates **farcies faites maison**. J'adore ce repas !

Pendant que nous dinons, nous parlons de mon voyage et je leur raconte où je suis allée et quelles étaient mes villes préférées. Je n'arrive pas à en choisir qu'une seule, parce que chacune de ces villes avaient quelque chose de spécial et qu'elles étaient très différentes les unes des autres. Christine adore Marseille. Elle n'y a pas été depuis plus de dix ans et elle souhaite y retourner, car elle y a passé sa **lune de miel.**

Je suis très fatiguée, mes yeux sont rouges et je n'arrête pas de **bailler.** Christine me dit d'aller au lit pour me reposer et je lui suis très **reconnaissante**. Je suis épuisée et je dois avoir de l'énergie pour demain, puisque nous allons beaucoup marcher.

***

Le soleil s'est déjà levé et pendant quelques secondes, je ne sais pas où je suis. Je suis un peu **confuse** parce que j'ai dormi dans beaucoup d'endroits différents. Heureusement, je vois tout de suite un cadre avec une photo d'Éric et Christine et je me rappelle donc où je suis.

Je vais à la salle de bain pour prendre une douche et quand j'ouvre la porte, je sens l'odeur du pain frais. Éric est en train de préparer un petit-déjeuner délicieux, pendant que Christine fait mon lit. Christine et Éric s'occupent toujours très bien de leurs invités. Ils sont de très bons **hôtes**.

Nous nous asseyons à table, pour manger le super petit-déjeuner qu'Éric a préparé. Il y a du pain frais, du beurre, de la confiture, du miel, du café et des pâtisseries. Quelle bonne manière de commencer la journée ! Nous finissons de prendre le petit-déjeuner et nous nous préparons pour une journée touristique à Bordeaux.

Nous commençons la visite de la ville par une des attractions les plus connues de la ville de Bordeaux : la cité du vin. Ce musée est un des musées les plus connus du monde. Il recouvre une surface de trois mille mètres carrés et est très moderne autant de l'intérieur que de l'extérieur.

Je porte une belle robe d'été pour la journée, parce que la température annoncée est d'environ vingt-huit degrés pour toute la journée. La cité du vin se trouve seulement à dix minutes à pied de chez Christine et Éric. En plus, elle se trouve sur **la rive** gauche de la Garonne. Nous faisons donc une belle promenade au bord du fleuve pour y aller. Quand nous arrivons, Éric me fait une **surprise**. Il a déjà acheté nos tickets d'entrée. J'essaie de lui rendre l'argent pour le ticket, mais il **refuse**. Il dit que je suis leur invitée et que ça lui fait plaisir de payer pour moi. Je lui suis très reconnaissante, parce que l'entrée est assez chère, c'est vingt euros par personne.

Le musée est vraiment immense et très moderne. Il y a beaucoup d'activités interactives et d'installations audiovisuelles. Je n'avais jamais été dans un musée aussi grand avec autant d'activités différentes. Il y a des pièces pour tous **les sens** : l'odorat, la vue, le toucher et **l'ouïe**.

Le musée existe seulement depuis quelques années, depuis 2016. Grâce à cela, l'architecture est vraiment unique, je n'ai jamais été dans un bâtiment aussi spécial.

Pendant la visite, j'apprends beaucoup de choses sur la culture du vin. J'aime beaucoup boire du vin, mais je n'avais jamais vraiment **approfondi** le sujet. Je suis donc très heureuse qu'Éric et Christine m'aient amenée ici.

Nous avons fini de visiter l'exposition et je pense que nous allons partir. Mais soudain, Éric me dit qu'il y a encore une surprise. À la fin de la visite, nous montons au huitième étage du musée. Là en haut, on nous sert un verre de vin pour faire une **dégustation**. Christine, Éric et moi buvons donc du vin ensemble et profitons de la superbe vue panoramique sur la ville. Quelle bonne manière de finir la visite.

Quand nous avons fini la dégustation, nous sommes tous les trois un peu fatigués. Éric propose d'aller dans un des restaurants de la cité du vin. La visite a duré trois heures, il est donc déjà midi. Christine et moi avons un peu faim et nous acceptons donc la **proposition** d'Éric.

Nous nous installons donc dans un des restaurants qui est sur la rive de la Garonne. C'est un très bel endroit pour se relaxer et pour manger. Comme le musée, le restaurant est aussi très moderne. Le serveur vient vers nous pour prendre notre commande.

Puisque nous sommes à Bordeaux, Christine commande un vin rouge bordelais pour nous trois. La région de Bordeaux est plus connue pour le vin rouge que pour le vin blanc. En plus, Christine s'y connait mieux en vin qu'Éric. Elle me **recommande** de prendre de la viande rouge pour accompagner le vin. Je lui **fais confiance** et je commande donc un filet de bœuf saignant avec des pommes de terre sautées.

Pendant le repas, je demande à Éric et Christine comment va leur fille. Je sais qu'elle habite près de Marseille pour des **raisons**

professionnelles et qu'ils sont très tristes qu'elle habite aussi loin. Christine me dit que Sarah, leur fille, est très satisfaite de son travail, mais que sa famille et ses amis lui manquent beaucoup et qu'elle espère bientôt revenir.

Ils sont une famille très proche et s'aiment beaucoup. Ils sont un peu tristes que leur fille unique soit aussi loin, mais c'est **nécessaire** si elle veut avoir un bon travail. Sarah est architecte et elle a eu un bon **poste** très bien payé là-bas.

Nous payons l'addition, Éric et Christine m'invitent à nouveau, et quittons le restaurant. Nous avons maintenant assez d'énergie pour continuer notre journée. En plus, le plat et le vin étaient vraiment délicieux. Je ne suis plus du tout étonnée que Bordeaux soit aussi connue pour son vin. C'est vraiment un des meilleurs vins que j'ai goûté dans ma vie.

Pour l'après-midi, Éric et Christine ont décidé de me montrer le centre-ville historique de Bordeaux. Puisque le musée était au nord du centre-ville, nous devons d'abord marcher pendant trente minutes sur la rive de la Garonne pour y arriver.

Quand nous arrivons au centre-ville historique, je suis très surprise. Il y a un vrai contraste entre la modernité que je viens de voir au musée et le côté ancien du centre-ville. Je trouve ça passionnant qu'une ville puisse être aussi diverse dans son architecture.

En premier, nous allons voir la grosse **cloche**, construite au quinzième siècle. Comme beaucoup de bâtiments dans le centre-ville historique, elle est classée auc patrimoine historique français. Les Bordelais sont très attachés à cette cloche, qui est l'un des emblèmes de la ville !

Nous continuons à nous promener dans le centre-ville et je vois des bâtiments historiques magnifiques partout ! Nous passons devant le Grand Théâtre et le Palais Rohan. Ce sont de très grands bâtiments, qui ont un autre style d'architecture que la Grande Cloche.

Ce que je trouve magnifique à Bordeaux, c'est qu'au centre-ville, il y a beaucoup de petites ruelles, mais aussi de très grandes places. Nous sommes par exemple allés voir la Place de la Bourse. Cette place est bordée de bâtiments majestueux du dix-huitième siècle, qui sont en contraste avec les monuments de **l'époque médiévale.**

Devant ces monuments, il y a un **miroir** d'eau. Il s'agit d'une grande surface d'eau de seulement quelques centimètres de **profondeur** dans laquelle se **reflètent** les bâtiments de la place. Je suis très impressionnée, parce que c'est la première fois que je vois un miroir d'eau. En plus, puisqu'il fait beau, beaucoup de personnes, adultes ou enfants, en profitent pour enlever leurs chaussures et se promener dans l'eau. L'ambiance sur cette place est vraiment magique !

Éric et Christine veulent encore me montrer un autre **quartier** sur l'autre rive de la Garonne. Ils me disent que c'est un quartier alternatif qui va bien me plaire. Sur le chemin pour y aller, nous passons par la Porte de Cailhau, un des rares restes de la fortification médiévale.

Quand nous traversons la Porte de Cailhau, un magnifique panorama du fleuve, de l'autre rive et du Pont de Pierre nous attend. Cette ville est vraiment pleine de surprises.

Nous traversons le pont et quelques minutes plus tard nous arrivons à l'endroit que Christine et Éric voulaient me montrer. C'est un endroit qui est plein de jeunes. Il y a un skate parc, des marchés bios, des **librairies** et des **friperies**. C'est un paradis pour les artistes, les sportifs et les personnes alternatives. L'endroit s'appelle Darwin et mes amis m'ont expliqué que c'est un des endroits les plus animés de la ville. En journée, les jeunes se rencontrent ici, et en soirée il y a souvent des concerts.

Nous nous promenons un peu dans cet endroit et je suis tellement fascinée que je prends des photos. Nous allons dans quelques-unes des boutiques et je me demande s'il y a un endroit similaire dans ma ville.

Nous nous sommes promenés longtemps et il commence à faire nuit. Éric me regarde et me demande :

Éric: Pourquoi as-tu l'air si triste Laura ?

Laura: Parce qu'il commence à faire nuit et que je ne veux pas déjà aller à la maison.

Éric: Ne t'inquiète pas. La nuit, Bordeaux est encore plus jolie et nous allons dîner en terrasse au centre-ville pour que tu puisses en profiter.

Laura: Super. Ça me plait vraiment beaucoup ici…

Nous retournons au centre-ville historique en nous promenant. Je découvre des détails que je n'avais pas encore vus. Nous arrivons à la Place du Parlement. Maintenant qu'il fait nuit, elle est éclairée et au milieu de la place il y a une vieille **fontaine**. Maintenant, je comprends pourquoi Éric a dit que la ville était encore plus belle la nuit. Il y a beaucoup de personnes sur cette place, qui sont assises et boivent de la bière ou du vin. Il y a beaucoup de bars et de restaurants et les terrasses sont pleines de personnes qui profitent de l'été.

Puisque nous marchons sans arrêt depuis midi, nous avons tous les trois très faim. Nous cherchons donc un restaurant à proximité. Christine connait un petit restaurant et en y allant, nous passons à côté d'une chaîne de fastfood. Il y a beaucoup de gens à l'intérieur, mais je ne comprends pas pourquoi ces gens vont manger au fastfood alors qu'il y a tellement de bons restaurants dans la ville.

Pour aller au restaurant, nous traversons plusieurs ruelles. Heureusement que Christine nous **guide**. La ville de nuit ne ressemble pas du tout à la ville en journée. Sans elle, je me serais déjà perdue.

Nous arrivons à l'entrée du restaurant et il y a une grande terrasse sur laquelle nous pouvons manger. Quand il fait beau comme aujourd'hui, c'est très agréable de manger dehors. En plus, l'atmosphère est magique, puisque nous sommes dans le centre historique et que c'est très beau avec les lumières dans la nuit.

C'est à nouveau Christine qui choisit le vin. Mais cette fois, je préfère manger une grande salade. C'est plus agréable par cette **chaleur**. Le repas est à nouveau délicieux et nous avons un serveur très sympathique. Il est très jeune, c'est certainement un étudiant qui travaille au restaurant pendant l'été.

Après ce super repas, nous décidons de rentrer à la maison pour nous reposer. Nous avons tous bu beaucoup de vin et du coup nous rigolons beaucoup sur le chemin du retour. Éric et Christine font tous les deux beaucoup de **blagues**.

Nous arrivons à la maison et c'est très dommage, parce que c'était ma seule journée à Bordeaux. Demain, je vais prendre le bus pour aller à Nantes. Mon bus part très tôt demain matin et je vous dis donc au revoir et je vous conseille de voyager dans cette très belle ville. Elle va beaucoup vous plaire !

BEARBEITE NUN DIE VERSTÄNDNISFRAGEN!

Was hat Christine in Marseille gemacht?

- ☐ Geheiratet
- ☐ Ihre Flitterwochen verbracht
- ☐ Rafael kennengelernt

In welchem Jahr wurde die Cité du vin eröffnet?

- ☐ 2006
- ☐ 2016
- ☐ 2018

Sarah, die Tochter von Christine und Éric, lebt in Marseille. Wie fühlt sie sich dort?

- ☐ Sie vermisst ihre Familie und Freunde
- ☐ Sie möchte gerne in Marseille bleiben
- ☐ Ihr gefällt Marseille nicht

Wovon ist Laura am Place de la Bourse begeistert?

- ☐ Vom Reflexionsbecken
- ☐ Von der Glocke
- ☐ Vom alternativen Lebensstil

Warum ist Laura traurig?

- ☐ Weil sie ihre Familie vermisst
- ☐ Weil sie Bordeaux nicht verlassen möchte
- ☐ Weil die Leute unfreundlich sind

Bordeaux, zwischen Modernität und Geschichte

Ich komme nach nur zwei Stunden und einer viertel Stunde in Bordeaux an, aber ich musste während der Fahrt umsteigen. Am Bahnhof warten Christine und Éric, gute Freunde meiner Eltern, auf mich.

Wir sind seit vielen Jahren befreundet und sehen uns jeden Sommer. Sie sind gute Freunde und ich möchte eineinhalb Tage mit ihnen verbringen. Da sie aus Bordeaux sind, kennen sie die Stadt in- und auswendig.

Bordeaux zählt etwas weniger als dreihunderttausend Einwohner und man kann daher die Stadt beim Spazieren besichtigen ohne öffentliche Verkehrsmittel zu nutzen. Wie Toulouse wird auch Bordeaux vom Fluss Garonne durchquert. Bordeaux ist natürlich für den Wein bekannt, da die Stadt sich in der Region Nouvelle-Aquitaine befindet.

Ich komme am Bahnhof von Bordeaux an und sehe Christine und Éric sofort. Ich habe schon mit ihnen per WhatsApp gesprochen und sie haben um einen freien Tag bei der Arbeit gebeten, um mit mir zusammen zu sein. Sie warten am Bahnsteig auf mich, ich nehme sie in die Arme und wir gehen zusammen in die Bahnhofshalle. Christine trägt ein sehr schönes Blumenkleid und Éric ein elegantes Hemd; er sieht immer sehr ordentlich aus.

Ich freue mich sehr, sie zu sehen und ich weiß, dass sie sich auch freuen, mich zu sehen, weil sie wie ein Teil der Familie sind. Es ist zu spät, um heute noch Sehenswürdigkeiten zu besichtigen. Es ist fast neun Uhr am Abend und wir fahren direkt nach Hause, um den Koffer abzustellen und ein bisschen Abend zu essen.

Der Bahnhof befindet sich etwas außerhalb, südlich der Innenstadt. Meine Freunde leben nördlich von der Innenstadt, aber zu Fuß brauchen sie nur zwanzig Minuten, um zum historischen Zentrum von Bordeaux kommen.

Sie sind mit dem Auto gekommen, um meine Koffer besser transportieren zu können. Mit dem Auto brauchen wir nur zehn Minuten, um bei ihnen anzukommen. Wir gehen in das Haus und ich sehe, dass sie das Gästezimmer für mich vorbereitet haben. Sie haben auch das Abendessen vorbereitet: hausgemachte gefüllte Tomaten. Ich liebe diese Speise!

Während wir zu Abend essen, reden wir über meine Reise und ich erzähle ihnen, wo ich gewesen bin und welche Städte mir am besten gefallen haben. Ich schaffe es nicht, nur eine auszuwählen, weil alle etwas Besonderes und Anderes an sich haben. Christine liebt Marseille. Sie war seit zehn Jahren nicht mehr dort und sie wünscht sich zurückzukehren, weil es die Stadt ihrer Flitterwochen ist.

Ich bin sehr müde, meine Augen sind rot und ich höre nicht auf zu gähnen. Christine rät mir, ins Bett zu gehen, um mich auszuruhen und dafür bin ich ihr dankbar. Ich bin erschöpft und ich brauche Energie für morgen, weil wir viel gehen werden.

***

Die Sonne ist schon aufgegangen und für einige Sekunden weiß ich nicht, wo ich bin. Ich bin etwas verwirrt, da ich an so vielen verschiedenen Orten geschlafen habe. Zum Glück sehe ich gleich einen Bilderrahmen mit einem Foto von Éric und Christine, sodass ich mich daran erinnere, wo ich bin.

Ich gehe ins Bad, um mich zu duschen und beim Öffnen der Tür rieche ich den Geruch von frischem Brot. Éric bereitet gerade ein köstliches Frühstück für alle zu, während Christine das Bett macht. Christine und Éric kümmern sich immer sehr gut um ihre Gäste. Sie sind sehr gute Gastgeber.

Wir setzen uns an den Tisch, um das wunderbare Frühstück zu essen, das Éric zubereitet hat. Es gibt frisches Brot, Butter, Marmelade, Honig, Kaffee und französisches Gebäck. So fängt man den Tag gut an! Wir beenden das Frühstück und machen uns für einen schönen Tourismustag durch Bordeaux fertig.

Wir beginnen die Besichtigung der Stadt mit einer der bekanntesten Sehenswürdigkeiten von Bordeaux: die Cité du Vin. Dieses Museum ist eines der bekanntesten Museen der Welt. Es erstreckt sich über dreitausend Quadratmeter und ist sehr modern, innen und außen.

Ich trage ein hübsches Sommerkleid, da achtundzwanzig Grad für den ganzen Tag angekündigt wurden. Die Cité du Vin befindet sich nur zehn Minuten zu Fuß vom Haus von Christine und Éric entfernt. Außerdem befindet sie sich am Ufer der Garonne. Wir machen einen schönen Spaziergang am Ufer des Flusses, um dort hinzugehen. Als wir ankommen, macht mir Éric eine Überraschung. Er hat unseren Eintritt bereits bezahlt. Ich versuche ihm das Geld zurückzugeben, aber er weigert sich, es zu nehmen. Er sagt, dass ich ihr Gast bin und dass es ihn freut für mich zu bezahlen. Ich bin ihm sehr dankbar, da der Eintritt etwas teuer ist, es kostet zwanzig Euro pro Person.

Das Museum ist wirklich riesig und sehr modern. Es gibt viele interaktive Ausstellungsstücke und audiovisuelle Installationen. Ich war noch nie in so einem großen Museum, das so viele verschiedene Aktivitäten anbietet. Es gibt Räume für die verschiedenen Sinne: der Geruch, die Sicht, das Tasten und das Gehör.

Das Museum wurde erst vor ein paar Jahren, in 2016, eröffnet. Dadurch ist die Architektur wirklich einzigartig. Ich war noch nie in so einem außergewöhnlichen Gebäude.

Während der Besichtigung lerne ich sehr viele Sachen über Weinanbau. Ich trinke zwar sehr gerne Wein, aber ich hatte mich noch nie so intensiv mit dem Thema beschäftigt. Deswegen bin ich sehr glücklich, dass mich Éric und Christine hierhergebracht haben.

Wir sind mit der Besichtigung der Ausstellung fertig und ich denke, dass wir jetzt gehen. Aber dann sagt mir Éric, dass es noch eine Überraschung gibt. Zum Ende der Besichtigung geht es noch in das achte Stockwerk des Museums. Dort wird uns ein Glas Wein zum Probieren serviert. Christine, Éric und ich trinken also zusammen den Wein und haben dabei einen tollen Panoramablick über die Stadt. Das ist wirklich ein toller Abschluss für diese tolle Besichtigung.

Als wir mit der Weinprobe fertig sind, sind wir alle drei etwas müde. Éric schlägt vor in eines der Restaurants der Cité du Vin zu gehen. Die Besichtigung hat drei Stunden gedauert, sodass schon Mittagszeit ist. Christine und ich haben etwas Hunger und sind deswegen mit dem Vorschlag von Éric einverstanden.

Wie nehmen in einem der Restaurants Platz, das am Ufer der Garonne ist. Es ist ein sehr schöner Ort, um sich zu entspannen und etwas zu essen. Wie das Museum ist auch das Restaurant sehr modern. Der Kellner kommt, um unsere Bestellung aufzunehmen.

Da wir in Bordeaux sind, bestellt Christine für uns drei einen Rotwein aus Bordeaux. Die Region um Bordeaux ist eher für Rotwein als für Weißwein bekannt. Außerdem kennt sich Christine besser mit Wein aus als Éric. Sie empfiehlt mir rotes Fleisch zum Wein zu essen. Ich vertraue ihr und bestelle ein blutiges Rinderfilet mit Bratkartoffeln französischer Art.

Explorer Nantes

VOKABELN

se sentir à l'aise	sich wohlfühlen
la gare routière	der Busbahnhof
le passager	der Passagier
s'étirer	sich dehnen
la soute	das Gepäckfach
la sandwicherie	Ort, an dem man Sandwiches kaufen kann
l'ingrédient (un)	die Zutat
large	weit, breit
avoir marre de quelque chose	von etwas die Nase voll haben
tirer	ziehen
la pièce d'identité	der Ausweis
la clé	der Schlüssel
large	breit
se tromper	sich irren
comme sur des roulettes	(etwas) funktioniert gut
la tour	der Turm
le patrimoine	das Kulturerbe
le vitrail	das Kirchenfenster
le duc / la duchesse	der Herzog / die Herzogin
l'étang (un)	der Teich
l'havre de paix (un)	die Oase der Stille
le canard	die Ente
tamisé	gedämpft (Licht)
jaloux /-se	neidisch, eifersüchtig
au cas où	für den Fall, dass

bête	dumm
le **réveil**	der Wecker
l'œuf à la coque (un)	das gekochte Ei
la clientèle	die Kundschaft
l'île (une)	die Insel
diviser	teilen
la grue	der Kran
la file d'attente	die Warteschlange
la trompe	der Rüssel
le château	das Schloss
par hasard	aus Versehen, zufällig
l'enceinte de protection (une)	die Schutzmauer

Je suis dans le bus pour aller de Bordeaux à Nantes. Le trajet dure environ quatre heures, puisque Nantes se trouve à environ trois cent cinquante kilomètres au nord de Bordeaux. Je profite de ce trajet pour noter toutes mes aventures des derniers jours.

Personne ne m'attendra à Nantes, puisque je ne connais personne qui y habite. Cependant, je ne pense pas que je m'ennuierai, parce que Nantes est une ville très vivante de la côte atlantique. Nantes compte environ trois cent quinze mille habitants et est l'une des plus grandes villes françaises. Je n'aurai donc sûrement pas le temps de m'ennuyer.

Nantes est la plus grande ville de la région Pays de la Loire. Il y a beaucoup d'endroits qu'on peut visiter. C'est une ville qui est très bien pour une visite touristique et dans laquelle les voyageurs **se sentent à l'aise**.

La **gare routière** de Nantes se trouve au nord-est du centre-ville. Puisque Nantes est une grande ville, les transports en commun sont nombreux et je peux donc prendre le tramway pour aller au centre-ville, où se trouve mon hôtel. Le bus arrive enfin à destination et se gare pour laisser descendre **les passagers**.

J'attends que la portière s'ouvre et je descends du bus. Il fait un peu plus frais à Nantes qu'au sud de la France. Il fait quand même environ vingt-deux degrés et c'est très agréable. Je profite d'être sortie du bus pour **m'étirer** un peu. C'est très agréable après avoir été assise pendant quatre heures. Le chauffeur de bus ouvre la **soute** des bagages et je récupère mes affaires. L'arrêt de tramway n'est pas très loin et je vais donc sur le quai pour m'acheter un ticket.

Au distributeur de ticket, je m'achète un ticket de tram pour un euro soixante-dix. Je regarde le panneau horaire, le prochain tramway arrive dans quatre minutes. J'attends donc sur le quai, et quand le tramway arrive, je monte pour aller au centre-ville. J'arrive après environ quinze minutes.

J'arrive au centre-ville et il est déjà l'heure de manger quelque chose. J'ai très faim, mais je n'ai pas envie de perdre trop de temps en m'asseyant dans un restaurant. Je choisis donc d'aller dans une **sandwicherie**. Sur le menu, on dirait qu'il y a beaucoup **d'ingrédients** parmi lesquels on peut choisir. Le serveur voit que j'ai du mal à choisir et s'approche donc de moi pour me conseiller. Il me dit quels ingrédients prendre avec quelle sauce. Le sandwich, qu'il me prépare, a l'air délicieux.

Je mange mon sandwich en me promenant dans les rues du centre-ville de Nantes pour trouver mon hôtel. Il y a beaucoup de gens au centre-ville et je remarque tout de suite qu'il y a une très bonne ambiance à Nantes.

J'ai une réservation dans un hôtel au centre-ville, plus précisément dans la rue Crébillon, une des rues les plus connues de la ville, dans laquelle il y a beaucoup de magasins de vêtements. Peut-être que je vais en profiter pour faire un peu de shopping...

Je remarque une différence entre les villes de la Côte d'Azur et Nantes. A Nantes, les rues sont plus **larges** et les façades sont surtout blanches. La structure du centre-ville est assez similaire de celles des autres grandes villes françaises : il y a beaucoup de places, avec des fontaines au milieu.

J'entre enfin dans l'hôtel. **J'en ai marre** de **tirer** ma valise, et je pense que je vais devoir m'en acheter une nouvelle : une des roues ne tourne presque plus. Peut-être que je vais trouver un magasin de valises dans cette rue.

La réceptionniste de l'hôtel me demande ma **pièce d'identité** pour faire le check-in et je lui demande à quelle heure le petit-déjeuner est servi. Elle me dit que c'est de sept heures à dix heures du matin, et même si ce n'est pas un buffet, le petit-déjeuner a l'air très complet sur la photo.

Je prends l'ascenseur pour aller au troisième étage, où se trouve ma chambre. La porte s'ouvre avec une carte magnétique, et non avec une **clé,** ce qui me plaît beaucoup, puisqu'une carte prend moins de place qu'une clé. En entrant dans la chambre, je vois un énorme lit double, qui semble faire deux mètres de large, une salle de bain avec un énorme jacuzzi et une incroyable table de maquillage.

C'est la chambre la plus luxueuse dans laquelle je suis allée de toute ma vie. Je pense qu'ils se sont **trompés,** parce que je me rappelle avoir payé seulement cinquante euros par nuit. Mais la réceptionniste ne m'a rien dit, donc je reste ici.

Je me change, je prends les quatre choses dont j'ai besoin pour passer la journée dehors et je sors de la chambre. En sortant de l'hôtel, je jette un coup d'œil à la réceptionniste, au cas où elle aimerait me dire quelque chose à propos de la chambre. Elle me sourit juste et me souhaite une agréable journée. Tout fonctionne **comme sur des roulettes**.

Je ne connais pas Nantes et je ne connais pas les attractions touristiques d'ici, mais je me suis notée quatre choses que je ne veux pas louper. Normalement, je regarde un peu sur internet ce qu'il y a dans chaque ville, mais cette fois ci, je n'avais que deux minutes pour le faire. J'espère ne pas le regretter.

Pour commencer mon après-midi touristique, je vais visiter un endroit qui est toujours super : la cathédrale de la ville. Ici, elle s'appelle Cathédrale Saint-Pierre-et-Saint-Paul. J'ai lu qu'elle était vraiment impressionnante. Pour y arriver, je dois traverser le centre-ville. Après quinze minutes, j'arrive sur la place devant la cathédrale.

Ses **tours** font soixante-trois mètres de hauteur, elle est toute blanche avec des portes rouges. Sa construction a débuté au quinzième siècle et a duré plus de quatre cents ans. Son style est quand même gothique. Pour pouvoir profiter en entier de ce monument historique, je dois entrer à l'intérieur. Comme pour les autres monuments historiques de France, l'entrée est gratuite.

L'extérieur est magnifique, mais l'intérieur est passionnant aussi. C'est vraiment super que l'entrée soit gratuite, cela permet de connaître le **patrimoine** culturel de son pays. A l'entrée, j'ai pris une brochure qui explique quelques éléments à l'intérieur de la cathédrale.

Le patrimoine à l'intérieur est vraiment riche. **Les vitraux** et les nombreuses sculptures donnent un certain charme à la cathédrale. En plus, la cathédrale héberge le tombeau de François II, le dernier **duc** de Bretagne. Dans la crypte, une exposition explique l'histoire de la cathédrale. Pour tout voir dans cette cathédrale, il faut au moins une heure et demie et je suis un peu fatiguée par le voyage de ce matin et parce que j'ai beaucoup marché. Il est déjà six heures du soir, c'est l'heure à laquelle la cathédrale ferme ses portes aux visiteurs. Je sors donc et m'assois sur un banc en face du monument pour décider ce que je vais faire maintenant.

Aujourd'hui, je n'ai plus le temps pour une autre visite de monument, je décide donc de profiter du début de soirée pour me promener un peu dans le jardin des plantes avant de chercher un endroit où manger.

Le jardin des plantes se trouve à deux minutes à pied de la cathédrale. C'est un magnifique et grand jardin botanique au milieu de la ville. Il y a des étangs, des fontaines, beaucoup de plantes et d'arbres différents et même quelques sculptures. Ici, on peut vraiment profiter de la nature et découvrir des fleurs qu'on ne connaissait pas. C'est **un petit havre de paix** et de tranquillité au milieu de cette ville sinon très animée.

Je commence à avoir très faim et je sors donc du jardin des plantes pour me diriger vers le centre-ville, où je vais chercher un restaurant. L'office du tourisme est déjà fermé, j'y passerai donc demain pour récupérer un plan de la ville et pour demander quelques informations.

Je trouve un restaurant, dans lequel il faut descendre beaucoup de marches. Il y a un panneau au-dessus de la porte, qui indique que le menu ne coûte que quatorze euros et qu'on peut choisir entre de nombreuses entrées et divers plats principaux. *Ça me semble être un très bon prix pour* ce que je vois sur le menu et je décide donc d'y entrer pour dîner.

En bas de l'escalier, il y a une petite salle d'entrée, dans laquelle un serveur me demande d'attendre cinq minutes, puisqu'il n'y a pas de table de libre pour le moment. Je décide d'attendre dehors sur un banc et en profite pour vérifier mes messages sur mon portable. Si un restaurant n'a pas de table de libre un jeudi soir, ça doit être un bon signe…

Les cinq minutes passent très rapidement et le serveur sort, pour me dire qu'il a une table pour moi. Ce que j'aime le moins quand je voyage seule, c'est d'aller au restaurant, parce que c'est très agréable de discuter pendant le dîner et d'échanger au sujet de la nourriture.

Le serveur me donne le menu et je le lis pour pouvoir choisir le meilleur plat, puisque je ne sais pas exactement ce dont j'ai envie. En entrée, je prends une soupe à l'ail et en plat principal, je prends un **canard** nantais à la sauce au muscadet. C'est un plat traditionnel de la région, qui est préparé avec un canard élevé dans la région accompagné d'une sauce au vin blanc. J'ai hâte de goûter !

C'est un endroit très calme avec une lumière **tamisée**, dans lequel personne ne parle fort. *Ça doit être un de ces endroits typiques, dans lequel on va avec son copain ou sa co*pine. Pour le moment, personne ne me regarde, je ne pense pas qu'on va me remarquer.

Je finis rapidement la soupe, parce que j'ai très faim, mais j'ai beaucoup de problèmes à finir le canard. C'est délicieux et la viande est très tendre, mais mon estomac est trop petit pour la quantité.

Mais il y a toujours de la place pour le dessert. Je commande donc mon dessert préféré, un flan à la sauce caramel. Avant de commencer, je prends une photo du dessert pour l'envoyer à ma mère. Je sais qu'elle sera **jalouse**, parce qu'elle adore le flan. Je mange mon dessert en entier, parce qu'il est très bon et demande au serveur de m'apporter l'addition.

En tout, je paie dix-neuf euros. Quatorze euros pour le menu comprenant l'entrée et le plat principal et cinq euros pour le dessert. Je sors donc mon porte-monnaie et prends deux billets de dix. Je les laisse sur l'assiette avec l'addition. Je n'attends pas la monnaie, parce que je veux laisser un euro de pourboire. J'ai très bien dîn*é* et j'ai goût*é* à un plat typiquement nantais.

Je quitte le restaurant et je veux retourner à l'hôtel, mais je ne sais pas trop dans quelle direction aller et je n'ai plus de batterie sur mon téléphone. C'est embêtant ! Il faut donc que je demande aux gens dans la rue. J'espère que quelqu'un connait l'hôtel.

Heureusement, un couple de personnes âgées m'indique la direction que je dois prendre. Elles sont très sympathiques et me disent même le nom de la rue dans laquelle se trouve l'hôtel, **au cas où** je me perdrais encore une fois.

Que je suis **bête**, je me pensais complètement perdue, mais je n'ai pris que trois minutes pour arriver à l'hôtel. Maintenant, je peux prendre un bain dans le super jacuzzi qu'il y a dans ma chambre. Tout de suite après le bain, je mets mon pyjama et je m'endors. Je suis épuisée. Quelle journée !

***

Le **réveil** sonne à huit heures du matin. Je décide de me lever tout de suite pour pouvoir profiter de la journée. Je mets une belle robe jaune et descends pour prendre mon petit-déjeuner. Je ne suis pas la première à venir prendre le petit déjeuner. Je suis peut-être même la dernière, puisque presque toutes les tables sont déjà occupées.

Je commande de la baguette avec du beurre et de la confiture, un café au lait et un verre de jus d'orange frais. En plus de ça, la serveuse m'apporte un œuf à la coque. Ce n'est pas typique pour un petit-déjeuner français, mais puisque nous sommes dans un hôtel avec **une clientèle** internationale, ils servent aussi des œufs.

Je monte dans ma chambre et prends mon sac à dos pour pouvoir commencer mon excursion dans les rues de Nantes. Aujourd'hui, je veux visiter les machines de l'île et le château des ducs de Bretagne. En premier, je vais aller voir les machines de l'île, puisqu'on m'a dit que c'est vraiment extraordinaire.

Je regarde sur le plan et je vois, que les machines de l'île ne sont pas très loin de mon hôtel. Elles se trouvent sur l'île de Nantes, c'est l'endroit où la Loire se **divise** en deux et fait ainsi une petite île au milieu. En m'approchant de l'île, je vois beaucoup de **grues**, mais je pense que ce ne sont pas les fameuses machines, pour lesquelles Nantes est si connue.

Je traverse le pont et après m'être avancée de quelques mètres sur l'île, je vois un immense éléphant en métal s'approcher de moi. Sur son dos, une cinquantaine de passagers, dont quelques-uns me font bonjour de la main.

Le grand éléphant passe à côté de moi et je sors mon portable pour en faire une photo. C'est vraiment impressionnant comme machine, et je veux avoir un souvenir de cet animal métallique de douze mètres de haut.

Je vais dans la direction de laquelle venait l'éléphant et je me trouve à l'entrée de la galerie des machines. Puisque c'est un endroit très connu, il y a déjà une **file d'attente**. Je dois faire la queue pendant environ quinze minutes avant d'arriver à la caisse. Puisque je suis étudiante, l'entrée coûte seulement six euros quatre-vingt-dix. Je pense que ce n'est pas très cher, vu ce qui m'attend à l'intérieur.

A l'intérieur, je prends le temps de regarder toutes les machines qui sont exposées. Cet endroit existe seulement depuis 2007, mais il rend hommage aux univers imaginaires et au passé industriel de la ville de Nantes. J'ai même la chance de voir comment certaines de ces machines, toutes en forme d'animal, fonctionnent. Je suis impressionnée et vraiment très contente d'être venue ici.

Je sors de la galerie des machines, et en sortant je vois encore une fois l'éléphant. Cette fois ci, il lève sa **trompe** et arrose les passants d'eau. Si j'avais plus de temps, j'aurais payé pour faire un tour sur l'éléphant. Mais, je veux encore voir **le château**, après tout, le Pays de la Loire est connu pour ses châteaux.

J'ai très faim maintenant et je cherche un endroit pour manger. Pour cela, je retourne au centre-ville. Normalement, je choisis un restaurant en fonction du nombre de personnes qui y sont. Aux endroits où il y a beaucoup de gens, on mange généralement très bien. **Par hasard**, je passe devant l'office du tourisme et j'y prends un plan au format papier. Comme ça, la batterie de mon téléphone tiendra plus longtemps pour prendre des photos.

Puisque je ne trouve rien de particulièrement intéressant, je vais dans un restaurant italien. Une pizza c'est toujours bien... Je la mange en seulement vingt minutes et je vais ensuite directement au château des ducs de Bretagne, qui est toujours très proche du centre-ville.

Mon portable indique que ça me prendra seulement seize minutes. Je marche doucement, car ça me permet de profiter un peu de la ville. Les rues sont très intéressantes, et c'est agréable de se promener sous ce beau ciel bleu.

J'arrive au château et regarde les informations qui sont écrites sur une des brochures de l'office du tourisme. C'est un grand château qui date du quinzième siècle. Le château est entouré d'un jardin, puis d'une **enceinte de protection** et à l'intérieur, il y a une grande cour. Je pense que ça vaut le coup de rentrer à l'intérieur du château. Le bâtiment est super et en plus, il y a le musée de l'histoire de la ville à l'intérieur.

Ici, l'entrée n'est pas gratuite, mais puisque je suis étudiante, je paie seulement cinq euros. Je profite de la visite pour apprendre des choses sur l'histoire de Nantes. C'est une ville vraiment riche en histoire. En plus, je peux voir un château médiéval de l'intérieur. C'est la première fois que j'en vois un !

Je quitte le château et vais en direction de l'hôtel. Sur le chemin, je cherche un endroit où je peux manger un petit quelque chose, puisque je n'ai pas très faim. Par hasard, je passe devant un stand de crêpes ! C'est parfait, je prends une crêpe délicieuse et je rentre à l'hôtel. Je recommande à tout le monde de visiter cette ville.

Je dois me coucher tôt, parce que demain je prends le train à neuf heures du matin pour aller à Paris. Nous allons voir la capitale de la France !

Bearbeite nun die Verständnisfragen!

Wo liegt der Busbahnhof von Nantes?

- ☐ Nordosten
- ☐ Südosten
- ☐ Westen

Wie gelangt Laura zur Cathédrale Saint-Pierre-et-Saint-Paul ?

- ☐ Über eine Brücke
- ☐ Durch die Innenstadt
- ☐ Durch ein altes Tor

Wann schließt die Kathedrale?

- ☐ 18:00 Uhr
- ☐ 19:00 Uhr
- ☐ 18:15 Uhr

Wie groß ist der Elefant auf der Insel von Nantes?

- ☐ 10 Meter
- ☐ 12 Meter
- ☐ 14 Meter

Wofür wird das Schloss Nantes momentan verwendet?

- ☐ Alst Militärmuseum
- ☐ Als Automobilmuseum
- ☐ Als Museum der Stadtgeschichte

NANTES ERKUNDEN

Ich bin im Bus, der von Bordeaux bis nach Nantes fährt. Die Reise dauert ungefähr vier Stunden, da Nantes etwa dreihundertfünfzig Kilometer nördlich von Bordeaux liegt. Ich nutze die Reise, um in meinem Tagebuch alle Abenteuer der letzten Tage zu notieren.

In Nantes wartet niemand auf mich, da ich niemanden kenne, der dort wohnt. Ich denke aber, dass ich mich nicht langweilen werde, da Nantes eine sehr lebendige Stadt an der Atlantikküste ist. Nantes zählt ungefähr dreihundertfünfzehntausend Einwohner und ist eine der größten Städte Frankreichs. Ich werde also sicherlich keine Zeit haben, mich zu langweilen.

Nantes ist die größte Stadt der Region Pays de la Loire. Es gibt viele interessante Orte, die man besichtigen kann. Es ist eine Stadt, die sehr gut auf Tourismus vorbereitet ist und in der sich Besucher sehr wohlfühlen.

Der Busbahnhof von Nantes liegt nordöstlich der Innenstadt. Da Nantes eine Großstadt ist, gibt es viele öffentlich Verkehrsmittel und so kann ich die Straßenbahn nehmen, um in die Innenstadt zu fahren, wo mein Hotel ist. Endlich kommt der Bus an und parkt, um die Passagiere aussteigen zu lassen.

Ich warte, dass sich die Türen öffnen und steige aus dem Bus. In Nantes ist es etwas frischer als im Süden Frankreichs. Es sind trotzdem ungefähr zweiundzwanzig Grad und es ist sehr angenehm. Ich nutze die Gelegenheit aus dem Bus gestiegen zu sein, um mich etwas zu strecken. Das ist nach vier Stunden Sitzen sehr angenehm. Der Busfahrer öffnet das Gepäckfach und ich nehme meine Sachen. Die Straßenbahn-Haltestelle ist nicht weit weg und ich gehe zum Bahngleis, um eine Fahrkarte zu kaufen.

Am Ticketautomaten kaufe ich mir ein Straßenbahnticket für ein Euro siebzig. Ich schaue auf die Anzeigetafel, die nächste Straßenbahn kommt in vier Minuten. Ich warte also auf dem Gleis und als die Straßenbahn ankommt, steige ich ein, um in die Innenstadt zu fahren. Ich komme nach ungefähr fünfzehn Minuten an.

Ich komme in der Innenstadt an und es ist schon Essenszeit. Ich habe viel Hunger, aber ich habe keine Lust zu viel Zeit mit essen zu verbringen, indem ich mich in ein Restaurant setze. Ich suche also einen Ort aus, wo man Sandwiches essen kann. Auf der Karte sieht es so aus, als ob man zwischen vielen Zutaten wählen kann. Der Kellner sieht, dass ich Probleme mit dem Aussuchen habe und nähert sich mir, um mich zu beraten. Er sagt mir, welche Zutaten ich mit welcher Soße nehmen soll. Das Sandwich, das er vorbereitet, sieht lecker aus.

Ich esse mein Sandwich und spaziere dabei durch die Straßen der Innenstadt von Nantes, um mein Hotel zu finden. In der Innenstadt sind viele Menschen und ich bemerke sofort, dass in Nantes eine sehr gute Stimmung herrscht.

Ich habe eine Reservierung in einem Hotel im Zentrum, genauer gesagt in der Rue Crébillon, eine der bekanntesten Straßen der Stadt, wo es viele Bekleidungsläden gibt. Vielleicht nutze ich es aus, um ein bisschen zu shoppen…

Ich bemerke einen Unterschied zwischen den Städten der Côte d'Azur und Nantes. In Nantes sind die Straßen breiter und die Fassaden sind meistens weiß. Die Struktur der Innenstadt ist jedoch ähnlich mit anderen französischen Großstädten: es gibt viele Plätze mit Brunnen in der Mitte.

Endlich betrete ich das Hotel. Ich bin es leid, den Koffer zu ziehen und ich glaube, ich muss einen neuen kaufen: eines der

Räder dreht sich kaum noch. Vielleicht kann ich in dieser Straße ein Geschäft mit Koffern finden.

Die Rezeptionistin des Hotels fragt mich nach meinem Ausweis, um den Check-in zu machen und ich frage sie, um wie viel Uhr das Frühstück serviert wird. Sie sagt mir, dass es von sieben bis zehn Uhr am Morgen ist und, obwohl es kein freies Buffet ist, scheint es auf dem Foto ein sehr umfassendes Frühstück zu sein.

Ich nehme den Fahrstuhl, um in die dritte Etage hochzufahren, wo sich mein Zimmer befindet. Die Tür öffnet sich mit einer Karte anstatt mit einem Schlüssel, was mir sehr gefällt, weil die Karte weniger Platz wegnimmt, als ein Schlüssel. Beim Eintritt ins Zimmer sehe ich ein riesiges Doppelbett, das zwei Meter breit zu sein scheint, ein Badezimmer mit einem riesigen Jacuzzi und einen unglaublichen Schminktisch.

Es ist das luxuriöseste Zimmer, in dem ich je gewesen bin. Ich glaube, sie haben sich geirrt, weil ich mich daran erinnere nur fünfzig Euro pro Nacht bezahlt zu haben. Aber da die Rezeptionistin nichts zu mir gesagt hat, bleibe ich hier.

Ich ziehe mich um, nehme die vier Sachen, die ich brauche, um den Tag außer Haus zu verbringen und verlasse das Zimmer. Beim Verlassen des Hotels schaue ich die Rezeptionistin verstohlen an, falls sie mir etwas wegen des Zimmers sagen möchte. Sie lächelt mich nur an und wünscht mir einen schönen Tag. Alles läuft großartig!

Ich kenne Nantes nicht sehr gut und ich weiß auch nicht, was es zu besichtigen gibt, aber ich habe vier Sachen aufgeschrieben, die ich mir nicht entgehen lassen will. Normalerweise schaue ich ein bisschen im Internet, was es in jeder Stadt gibt, aber dieses Mal habe ich nur zwei Minuten damit verbringen können. Ich hoffe, es nicht zu bereuen.

Um den Tourismusnachmittag zu beginnen, werde ich einen Ort besuchen, der immer super ist: Die Kathedrale der Stadt. In diesem Fall heißt sie Cathédrale Saint-Pierre-et-Saint-Paul. Ich habe gelesen, dass sie absolut beeindruckend ist. Um zu ihr zu kommen, muss ich durch die Innenstadt gehen. Nach fünfzehn Minuten komme ich an und ich stehe auf dem Platz vor der Kathedrale.

Ihre Türme sind dreiundsechzig Meter hoch, sie ist ganz weiß mit roten Türen. Ihr Bau hat im fünfzehnten Jahrhundert begonnen und hat über vierhundert Jahre gedauert. Dennoch ist sie im gotischen Stil gebaut. Um alles was sie bietet genießen zu können, muss ich hineingehen. Wie für andere Kulturdenkmäler Frankreichs ist der Eintritt frei.

Das Äußere ist wunderschön, aber das Innere ist ebenfalls spannend. Es ist wirklich toll, dass der Eintritt frei ist, dadurch kann man das Kulturerbe seines Landes kennenlernen. Am Eingang habe ich eine Broschüre genommen, die die verschiedenen Bestandteile des Inneren der Kathedrale erklärt.

Das Kulturerbe im Inneren ist wirklich vielfältig. Die Kirchenfenster und die zahlreichen Skulpturen verleihen der Kathedralen einen gewissen Charme. Dazu ist in dieser Kathedrale das Grab von Franz von Étampes, dem letzten Herzog der Bretagne. In der Krypta erklärt eine Ausstellung die Geschichte der Kathedrale. Um alles zu sehen, was es in dieser Kathedrale gibt, braucht man mindestens eineinhalb Stunden und ich bin ein wenig müde wegen der Reise am Morgen und weil ich viel gegangen bin. Es ist schon sechs Uhr abends und um diese Zeit schließt die Kathedrale. Also gehe ich hinaus und setze mich auf eine Bank, die genau gegenübersteht, um zu entscheiden, was ich jetzt machen werde.

Heute habe ich keine Zeit mehr für die Besichtigung einer weiteren Sehenswürdigkeit, also beschließe ich den Anfang des Abends zu genießen, indem ich im Jardin des Plantes spazieren gehe, bevor ich nach einem Ort suche, um Essen zu gehen.

Der Jardin des Plantes befindet sich zwei Minuten zu Fuß von der Kathedrale entfernt. Es ist ein wunderschöner und großer botanischer Garten im Zentrum der Stadt. Dort gibt es Teiche, Brunnen, viele verschiedene Pflanzen und Bäume und sogar verschiedene Skulpturen. Hier kann man wirklich die Natur genießen und Pflanzen entdecken, die man davor nicht kannte. Es ist eine kleine Oase der Stille in der sonst sehr belebten Stadt.

Ich bekomme großen Hunger, verlasse also den botanischen Garten und gehe zurück in die Innenstadt, um ein Restaurant zu suchen. Die Touristeninformation ist schon geschlossen, daher muss ich morgen daran denken, eine Karte mitzunehmen und nach ein paar Informationen zu fragen.

Ich finde ein Restaurant, in dem man eine Menge Treppen nach unten steigen muss. Es hat ein Schild an der Tür, das darüber informiert, dass es Menüs für vierzehn Euro anbietet und viele Vorspeisen und Hauptspeisen zum Auswählen hat. Mir scheint das ein sehr guter Preis für das, was ich auf der Karte sehe und beschließe zum Abendessen hineinzugehen.

Am Ende der Treppe angekommen, gibt es eine kleine Eingangshalle, wo ein Kellner mir sagt, dass ich fünf Minuten warten muss, weil zurzeit alle Tische besetzt sind. Ich beschließe, draußen auf einer Bank zu warten und nutze die Zeit, um auf meinem Handy meine Nachrichten zu lesen. Wenn ein Restaurant an einem Donnerstag voll ist, ist das ein sehr gutes Zeichen...

Die fünf Minuten vergehen schnell und der Kellner kommt heraus, um mir zu sagen, dass er jetzt einen fertigen Tisch für mich hat. Was mir am wenigsten am alleine Reisen gefällt, ist in Restaurants essen zu gehen, weil es sehr angenehm ist, sich beim Abendessen zu unterhalten und über das Essen sprechen zu können.

Der Kellner gibt mir eine Karte und ich lese sie, um das Bestmögliche auszuwählen, weil ich nicht genau weiß, was ich möchte. Als Vorspeise werde ich eine Knoblauchsuppe wählen und als Hauptspeise eine Ente aus Nantes mit einer Muscadet-Sauce. Es ist ein typisches Gericht der Region, das aus einer Ente, die in der Umgebung gezüchtet wurde, und einer Weißweinsauce besteht. Ich kann es kaum erwarten, es zu kosten!

Es ist ein sehr ruhiger Ort mit einem schwachen Licht, an dem keiner laut spricht. Es muss einer jener typischen Orte sein, an die man mit seinem Partner kommt. Im Moment schaut mich niemand an, also sollte ich nicht besonders auffallen.

Die Suppe esse ich schnell auf, weil ich großen Hunger habe, aber ich habe große Schwierigkeiten die Ente aufzuessen. Es schmeckt sehr lecker und das Fleisch ist sehr zart, aber mein Magen ist zu klein für diese Portion.

Für den Nachtisch gibt es aber immer ein bisschen Platz. Ich bestelle also meinen Lieblingsnachtisch, Flan mit Karamellsauce. Bevor ich anfange, mache ich ein Foto davon und schicke es meiner Mutter. Ich weiß, dass sie neidisch sein wird, weil sie Flans liebt. Ich esse alles auf, weil es sehr lecker ist und bitte den Kellner um die Rechnung.

Der Gesamtbetrag ist neunzehn Euro. Vierzehn für das Menü mit Vorspeise und Hauptgericht und fünf Euro für den Nachtisch. Ich nehme also meinen Geldbeutel und hole zwei Zehneuroscheine heraus. Ich lasse sie auf dem Teller, auf dem die Rechnung liegt. Ich warte nicht auf das Wechselgeld, weil ich einen Euro

Trinkgeld geben will. Ich habe sehr gut zu Abend gegessen und habe ein typisches Gericht aus Nantes probiert.

Ich verlasse das Restaurant und möchte zum Hotel gehen, aber ich weiß wirklich nicht, in welcher Richtung es sich befindet und mein Handyakku ist leer. Was für ein Mist! Mir bleibt nichts anderes übrig als die Leute, die ich auf der Straße sehe, zu fragen. Ich hoffe, dass jemand das Hotel kennt.

Glücklicherweise zeigt mir ein älteres Paar, in welche Richtung ich gehen muss. Sie sind sehr sympathisch und sagen mir sogar den Namen der Straße, in der sich das Hotel befindet, falls ich mich wieder verirre.

Wie dumm ich bin! Ich dachte, dass ich mich komplett verirrt hatte, dabei habe ich nur drei Minuten zum Hotel gebraucht. Jetzt kann ich ein Bad im tollen Jacuzzi in meinem Zimmer nehmen. Direkt nach dem Bad ziehe ich mir einen Schlafanzug an und schlafe ein. Ich bin erschöpft. Was für ein Tag!

**

Der Wecker klingelt um acht Uhr am Morgen. Ich beschließe gleich aufzustehen, um den Tag auszunutzen. Ich ziehe mir ein schönes gelbes Kleid an und gehe hinunter, um zu frühstücken. Ich bin nicht die Erste, die zum Frühstück kommt. Ich müsste sogar eine der letzten sein, weil fast alle Tische besetzt sind.

Ich bestelle Brot mit Butter und Marmelade, einen Milchkaffee und frischen Orangensaft. Ohne es bestellt zu haben, bringt mir die Kellnerin ein gekochtes Ei. Das ist nicht typisch für ein französisches Frühstück, aber da wir in einem Hotel, mit internationalen Kunden sind, servieren sie auch Eier.

Ich gehe hinauf zum Zimmer und nehme meinen Rucksack, um meinen Ausflug in Nantes zu beginnen. Heute will ich die Machines de l'Ile und das Schloss Nantes besichtigen. Als erstes werde ich zu den Machines de l'Ile gehen, da mir gesagt wurde, es sei etwas Sehenswertes.

Ich schaue auf die Karte und sehe, dass die Machines de l'Ile nicht weit weg von meinem Hotel sind. Sie befinden sich auf der Insel von Nantes. Das ist der Ort, an dem sich die Loire teilt und eine kleine Insel in der Mitte bildet. Als ich mich nähere, sehe ich viele Kräne, aber ich glaube nicht, dass sie die berühmten Maschinen sind, für die Nantes so bekannt ist.

Ich gehe über die Brücke und nach einigen Metern auf der Insel sehe ich einen riesigen metallischen Elefanten, der sich mir nähert. Auf seinem Rücken sitzen etwa fünfzig Passagiere, von denen manche mir winken.

Der große *Elefant geht an mir v*orbei und ich nehme mein Handy aus der Tasche, um ein Foto zu machen. Es ist wirklich eine beeindruckende Maschine und ich möchte eine Erinnerung an dieses zwölf Meter hohe Tier haben.

Ich gehe in die Richtung, aus der der Elefant kam und komme am Eingang der Galerie des Machines an. Da es ein sehr bekannter Ort ist, gibt es schon eine Warteschlange. Ich muss mich fünfzehn Minuten anstellen, bevor ich an die Kasse komme. Da ich Studentin bin, kostet der Eintritt nur sechs Euro neunzig. Ich denke, dass es ein guter Preis ist, für das was mich drinnen erwartet.

Im Inneren schaue ich mir alle Maschinen an, die ausgestellt sind. Diesen Ort gibt es erst seit 2007, aber er ehrt imaginäre Welten und die industrielle Geschichte der Stadt Nantes. Ich habe sogar das Glück zu sehen, wie manche von den Maschinen, alle in Form eines Tieres, benutzt werden. Ich bin sehr beeindruckt und auch wirklich glücklich hierhergekommen zu sein.

Ich verlasse die Galerie des Machine und sehe beim Rausgehen noch einmal den Elefanten. Dieses Mal hebt er seinen Rüssel und bespritzt die Passanten mit Wasser. Wenn ich noch mehr Zeit gehabt hätte, hätte ich für eine Tour auf dem Elefanten bezahlt. Aber ich möchte noch das Schloss sehen, immerhin ist die Region Pays de la Loire für ihre Schlösser bekannt.

Ich habe jetzt viel Hunger und suche nach einem Ort zum Essen. Dazu gehe ich zurück in das Stadtzentrum. Normalerweise richte ich mich nach der Anzahl der vorhandenen Leute. An den Orten mit vielen Leuten isst man für gewöhnlich sehr gut. Ich laufe herum und treffe zufällig auf die Touristeninformation und gehe hinein, um einen Lageplan aus Papier zu bekommen. So kann ich den Handyakku *für Fotos sparen.*

Da ich nichts besonders Interessantes finde, gehe ich am Ende in ein italienisches Restaurant. Eine Pizza schadet nie... Ich esse in nur zwanzig Minuten und gehe direkt zum Schloss Nantes, das auch in der Nähe der Innenstadt ist.

Laut meinem Handy werde ich sechzehn Minuten brauchen, um anzukommen. Ich gehe langsam, da ich dadurch ein bisschen die Stadt erkunden kann. Die Straßen *sind sehr interessant* und es ist angenehm unter diesem blauen Himmel zu spazieren.

Ich komme am Schloss an und schaue mir die Information an, die auf der Broschüre aus der Touristeninformation stehen. Es ist ein großes Schloss aus dem fünfzehnten Jahrhundert. Um das Schloss herum gibt es einen Garten, dann eine Schutzmauer und im Inneren einen großen Hof. Das Gebäude ist toll und außerdem gibt es im Inneren ein Museum über die Stadtgeschichte.

Hier ist der Eintritt nicht frei, aber da ich Studentin bin, zahle ich nur fünf Euro. Ich nutze die Besichtigung aus, um Sachen über die Geschichte der Stadt zu erfahren. Es ist eine Stadt die reich an Geschichte ist. Außerdem kann ich so ein Schloss aus dem Mittelalter auch von Innen sehen. Das ist das erste Mal, dass ich eins sehe.

Ich verlasse das Schloss und gehe in Richtung Hotel. Auf dem Weg suche ich einen Ort, wo ich etwas Kleines essen kann, weil ich nicht so großen Hunger habe. Zufällig komme ich an einem Crêpes Stand vorbei! Das ist perfekt, ich bestelle eine köstliche Crêpe und gehe zurück ins Hotel. Ich empfehle jedem diese tolle Stadt zu besichtigen.

Ich muss früh schlafen gehen, weil ich morgen früh um neun Uhr einen Zug nach Paris nehme. Wir sehen uns die Hauptstadt Frankreichs an!

Paris, la capitale de la France

VOKABELN

la capitale	die Hauptstadt
insérer	einführen
le réseau	das Netzwerk
l'escalator	die Rolltreppe
l'heure de pointe	die Hauptverkehrszeit
annoncer	ankündigen
divertir quelqu'un	jemanden unterhalten
être pressé	es eilig haben
l'appartement	die Wohnung
le couloir	der Gang
l'incendie (un)	der Brand
être bouche-bée	staunen, sprachlos sein
restaurer	restaurieren
la chanson	das Lied
la brasserie	das Lokal (typisch französisch)
gâcher quelque chose	etwas verderben
le plat du jour	das Tagesmenü
l'oignon (un)	die Zwiebel
le ventre	der Bauch
a emporter	zum mitnehmen
la joconde	die Mona-Lisa
l'arrière-plan (un)	der Hintergrund
encadrer	umranden
le rideau	der Vorhang
la place	der Platz, die Karte
gronder	schimpfen

généreux /-se	großzügig
recouvrir	bedecken
la pièce	der Raum
la pièce de théâtre	das Theaterstück
timide	schüchtern
la scène	die Bühne
les épices	die Gewürze
s'allonger	sich hinlegen
le canapé	das Sofa
s'affaler	sich fallen lassen
l'occasion (une)	die Gelegenheit
la frontière	die Grenze
la larme	die Träne

Après deux heures et demie de trajet en train, j'arrive dans la capitale de la France. Paris a beaucoup d'avantages, mais aussi quelques inconvénients pour les voyageurs. Le meilleur, c'est qu'il y a
beaucoup d'activités à faire et d'attractions touristiques à voir. On
peut rester un mois dans cette ville et voir des choses intéressantes tous les jours... Le pire, c'est que la ville est immense et qu'on
passe beaucoup de temps dans les transports en commun, même
si le métro parisien est très rapide.

J'arrive dans l'une des grandes gares de Paris : La gare Montparnasse. D'ici, les trains partent surtout dans l'ouest de la France.
Chaque jour, il y a plus de mille passagers qui passent par cette
gare. En plus, elle est connectée au métro puisqu'on peut y aller avec les lignes quatre, six, douze et treize. Les Parisiens ont
l'habitude de dire les numéros des lignes de métro, mais pour les
voyageurs, il est impossible de toutes les connaître par cœur.

A Paris, je vais être accueillie chez mes amis Mattis et Alexandre.
Je les connais parce que j'ai vécu avec eux, mais nous ne nous
sommes pas vus depuis un an. Ils n'ont pas pu venir me chercher
à la gare, mais ils m'attendent chez eux, où je vais passer les prochains jours.

Depuis la gare Montparnasse, je dois prendre le métro pour aller chez mes amis. Mais d'abord, je dois acheter un ticket de
transport. Si j'en achète dix à la fois, c'est moins cher que si
j'en achète un seul à chaque fois. Mais, puisque je ne vais pas
souvent utiliser le métro dans les prochains jours, je décide d'en
acheter seulement deux. Un ticket un voyage à Paris coûte un
euro quatre-vingt-dix.

Pour entrer dans le métro, il faut déposer sa carte sur l'appareil
ou **insérer** le ticket magnétique dans le lecteur. Ensuite, les portes
s'ouvrent, mais à Paris, on voit aussi beaucoup de personnes qui
sautent par-dessus ces barrières. Une fois à l'intérieur, on remarque

que le **réseau** de métro parisien est un vrai labyrinthe. Chaque ligne de métro a son propre quai, il y a donc pleins de petits chemins qui mènent d'un quai à un autre, quand il faut changer de métro. Heureusement qu'il y a beaucoup de panneaux qui indiquent où il faut aller. Une autre particularité du métro parisien est qu'il est très vieux, il y a donc très peu d'ascenseurs ou d'**escalators.**

Je dois me rendre à l'arrêt Parmentier, je demande donc un plan du métro au stand d'information et regarde quelle ligne je dois prendre. Pour comprendre le plan du métro de Paris, il suffit de repérer l'arrêt et de suivre la ligne du métro pour savoir de quelle ligne il s'agit.

Pour moi, c'est bon : je dois prendre la ligne quatre direction Porte de Clignancourt jusqu'à l'arrêt Sébastopol, puis je dois prendre la ligne trois, direction Gallieni, pour quatre arrêts. Je descends ensuite à l'arrêt Parmentier. C'est très simple à trouver, quand on a un plan sous les yeux.

Les métros à Paris passent très souvent, presque toutes les trois minutes. Sur l'écran, je vois donc que mon métro arrive dans deux minutes. Ici, il n'y a pas beaucoup de gens, puisque ce n'est pas encore **l'heure de pointe**. A huit heures du matin, c'est certainement différent…

Le métro arrive et je m'assois puisque je n'aime pas être debout dans les transports en commun. Il y a neuf stations jusqu'à Sébastopol et la prochaine station est toujours **annoncée** par les haut-parleurs. Après quinze minutes, j'arrive à Sébastopol et je dois trouver la ligne trois, direction Gallieni.

Il y a vraiment des panneaux partout et c'est donc assez difficile de se perdre. Je marche quelques minutes et j'arrive sur le bon quai. Quand le métro arrive, je rentre et je remarque qu'il y a plus de gens dans ce métro que dans le dernier, je dois donc rester debout. Dans l'autre wagon, un homme joue de l'accordéon et **divertit** les passagers.

Au bout de cinq minutes, le haut-parleur annonce l'arrêt Parmentier. Je m'approche de la porte et descends lorsque le métro s'arrête. Je prends l'escalator pour arriver dans la rue et je sors mon portable pour chercher la rue exacte, dans laquelle habitent mes amis. D'après le GPS, je me trouve à quatre minutes à pied.

Je me promène dans les rues de Paris, et je remarque que c'est très différent de Nantes. Il y a beaucoup de gens partout. Je sais que je suis au centre de Paris, mais on dirait que tout le monde est très **pressé**.

Mattis et Alexandre m'ont envoyé le code pour la porte par WhatsApp. J'entre le code et la porte s'ouvre tout de suite. Mais il y a une mauvaise nouvelle : ils habitent au quatrième étage et il n'y a pas d'ascenseur et j'ai ma valise ! Quand j'arrive au premier étage, Mattis apparaît pour m'aider avec ma valise et nous nous prenons dans les bras. J'entre dans l'**appartement** et Alexandre vient dans le **couloir** pour également me prendre dans ses bras. Cela fait déjà longtemps que nous nous sommes vus tous les trois et nous sommes très heureux de nous revoir.

Puisqu'ils connaissent très bien la ville, je les laisse décider. Mattis propose d'aller se promener dans le quartier de Notre-Dame-de-Paris avant d'aller manger, pour déjà voir l'un des endroits les plus connus de Paris et de la France.

Je profite d'être à l'appartement pour me changer et pour me mettre quelque chose de plus élégant. Au centre de Paris, les gens sont souvent bien habillés et se font beaux. Je mets donc une belle blouse blanche avec un jean et une paire de sandales avec des petits talons.

Nous sommes tous les trois prêts et quittons la maison. Ce n'est quand même pas pratique de ne pas avoir d'ascenseur quand on vit au quatrième étage. Mais les loyers à Paris sont très chers et l'appartement est tout de même très beau.

Notre-Dame-de-Paris se trouve à environ vingt minutes à pied, mais c'est agréable d'y aller, parce que nous passons par un des quartiers les plus connus de Paris : Le Marais. Nous voyons déjà la cathédrale de loin, et elle est toujours aussi impressionnante et belle de l'extérieur, même s'il n'est pas possible de visiter l'intérieur depuis l'**incendie** de 2019.

Autour de la cathédrale, il y a beaucoup de bars, mais aussi des restaurants et des boutiques artistiques. Partout dans le quartier, on peut voir des gens en train de jongler ou en train de jouer d'un instrument pour avoir quelques pièces.

Pendant que nous nous promenons, nous parlons de notre travail et de nos partenaires, Même si je n'ai pas beaucoup de nouveautés sur mon copain, je sais que Mattis a une nouvelle copine. Il me dit qu'elle s'appelle Léa et qu'ils sont ensemble depuis deux mois.

Ils sont encore en train d'apprendre à se connaître, mais il me dit qu'elle est très belle.

Nous arrivons sur la place devant la cathédrale, et comme d'habitude, quand je vois un endroit aussi impressionnant, je suis **bouche-bée**. Elle est immense, et ses deux tours sont vraiment aussi formidables que sur les photos.

Sa construction a duré du douzième siècle au quatorzième siècle. Depuis, elle a déjà été **restaurée** plusieurs fois. Notre-Dame-de-Paris est vraiment très connue et est un des symboles de la culture française. On parle d'elle dans de nombreuses **chansons**, des œuvres littéraires et des opéras. L'œuvre la plus connue est bien sûr celle de Victor Hugo, écrite en 1831 : Notre-Dame de Paris.

La place devant la cathédrale est toujours pleine de gens. Il y a beaucoup de touristes qui prennent des photos, mais aussi quelques habitants de Paris, qui profitent seulement de la beauté de cet endroit. En plus, la cathédrale est au bord de la Seine, sur une magnifique petite île.

Alexandre nous demande si nous avons envie d'aller dans une **brasserie** pour boire une bière et pour manger quelque chose. Mattis et moi sommes d'accord. Alexandre nous amène dans une de ses brasseries préférées, puisqu'elle existe depuis plus de quatre-vingt années, et qu'il y a beaucoup d'objets d'époque.

Nous entrons dans la brasserie et elle ressemble plus à un musée qu'à un bar. Les murs sont pleins de photos en noir et blanc, sur lesquelles on peut voir des personnes connues, qui ont été dans ce bar. J'adore ce genre d'endroit, puisqu'il y a une ambiance très accueillante. Maintenant, je comprends comment elle a réussi à rester ouverte aussi longtemps.

Pendant que nous buvons la bière, je dis à mes amis que j'ai très envie de voir le Louvre. Je me rappelle de cet endroit et je l'adore. Mattis me dit, qu'ils avaient planifié cela pour cet après-midi et que j'ai **gâché** la surprise. Mais avant, nous allons manger ici. Puisque les brasseries à Paris ont toujours un **plat du jour**, nous décidons de rester ici pour manger.

Mattis a envie de manger un croque-monsieur. C'est un plat typiquement français, mais qui est maintenant connu dans le monde entier. Alexandre et moi regardons le plat du jour et décidons de le commander. Nous aurons donc une soupe à l'**oignon** en entrée, et une entrecôte-frites en plat principal.

Nous attendons nos plats en finissant les bières que nous avions commandées. Nous ne devons pas attendre longtemps : Nos plats arrivent et ils ont l'air délicieux. Le plat du jour coûte seulement quinze euros ! C'est un bon prix pour Paris, parce que d'habitude tout est très cher ici.

Nous quittons la brasserie avec **les ventres** pleins. Je ne sais pas comment je vais faire pour me promener encore tout l'après-midi. Mattis a une bonne idée : Il nous propose de prendre un café **à emporter**. Après tout, Paris est connue pour ses espressos.

L'espresso nous donne de l'énergie et nous nous dirigeons vers le musée du Louvre. A pied, nous ne mettons que quinze minutes depuis la cathédrale. C'est parfait pour boire notre café en nous promenant dans le centre historique de Paris.

Quand on voit le Louvre pour la première fois, on est vraiment bouche-bée. C'est un bâtiment imposant et immense du dix-huitième siècle. De dehors, j'ai du mal à m'imaginer qu'il y a plus de cinq cent mille œuvres d'art à l'intérieur. Surtout que parmi ces œuvres, il y en a qui font partie des plus connues du monde entier, par exemple **la Joconde**. Mais aujourd'hui, je n'ai pas envie de rentrer dans le musée. Je reviendrai à Paris une autre fois pour visiter les nombreux musées.

La place devant le Louvre est bien sûr connue pour la pyramide du Louvre. C'est une pyramide construite entièrement en verre et en métal et elle constitue l'entrée principale du musée. Il y a énormément de touristes sur cette place qui font des photos et des selfies avec la pyramide en **arrière-plan**.

A proximité du Louvre se trouve le Jardin des Tuileries, c'est un magnifique parc de style français. C'est parfait pour faire une promenade en famille ou avec des amis. Depuis le Jardin des Tuileries, on peut voir plusieurs bâtiments historiques et des sculptures. A l'intérieur du jardin, on pourrait presque oublier qu'on se trouve en plein centre d'une grande ville…

A côté du Jardin des Tuileries se trouve également le Jardin du Palais-Royal. Celui-ci est beaucoup plus petit que le Jardin des Tuileries, mais tout aussi beau. Au milieu du jardin, il y a une immense fontaine. Le jardin est **encadré** d'anciens bâtiments et des arbres bordent les allées. Il y a toujours des gens assis sur les bancs, surtout pendant la pause de midi, puisque ça permet de profiter un peu de l'air frais.

Puisque nous sommes toujours dans le premier arrondissement de Paris, nous passons devant la Comédie Française. La Comédie Française est l'un des théâtres les plus connus de France. Il existe depuis le dix-septième siècle et c'est un bâtiment dans lequel j'aimerais beaucoup aller. J'ai vu des photos sur internet, et la salle de théâtre a vraiment l'air impressionnante avec des balcons et de grands **rideaux** rouges. Je propose à Mattis et Alexandre d'aller voir une pièce de théâtre à la Comédie Française et ils se regardent et commencent à rigoler. Je ne comprends pas ce qui se passe. Alexandre n'arrive pas à se retenir et me dit ce qu'il se passe :

Ils ont acheté trois **places** pour regarder une pièce de Molière à la Comédie Française.

Je ne peux pas y croire et je les serre tous le deux très fort dans mes bras. Je trouve que c'est un beau cadeau et la représentation est dans une heure. C'est vraiment incroyable ! Je les **gronde** un peu, parce que je sais que les places sont assez chères, mais ils me disent que ça vaut le coup et que nous allons passer un bon moment ensemble.

Heureusement que je porte des vêtements assez élégants. Je n'aurais pas aimé aller à la Comédie Française avec une petite robe d'été. Je suis excitée et je ne sais pas quoi dire. Je remercie mille fois mes amis, puisqu'ils sont vraiment **généreux** avec moi.

Nous entrons dans le théâtre et j'ai l'impression de faire un voyage dans le passé. Tout est doré et très luxueux. Les plafonds sont **recouverts** de peintures. La **pièce** est très impressionnante et je pense que je serais trop **timide** pour aller sur **scène** dans un tel endroit.

Nous regardons la représentation et je profite de ce moment comme si j'étais un enfant. C'est un moment inoubliable et je le partage avec deux de mes meilleurs amis. Malheureusement, tout a une fin et quand nous quittons le théâtre, il fait déjà nuit.

Je veux inviter mes amis pour dîner, pour les remercier de m'avoir invitée au théâtre. Je les laisse quand même choisir l'endroit parce qu'ils connaissent mieux le quartier que moi. Mattis a une idée :

Mattis: Est-ce que vous avez envie d'aller dans un restaurant vietnamien ?

Laura: Oui, j'adore essayer de nouvelles choses.

Mattis: Super, il y en a un pas loin qui est très bon.

Nous allons dans le restaurant et le serveur apporte trois menus. On peut sentir l'odeur des **épices** tout de suite en entrant. C'est très différent de la cuisine française, mais ça sent quand même très bon.

Je connais seulement deux plats sur toute la carte et je laisse donc Mattis choisir pour moi. Je lui fais confiance. Nous mangeons beaucoup et c'est délicieux. C'était une très bonne idée de venir ici, mais nous sommes très fatigués, parce que nous avons passé toute la journée dehors. Nous rentrons donc doucement à la maison.

Je vois déjà la porte d'entrée et je me réjouis. J'ai envie de m'**allonger** sur le **canapé** mais je dois encore monter quatre étages. C'est épuisant ! Nous sommes à la maison et nous nous **affalons** tous sur le canapé. Nous sommes très fatigués mais très contents de toutes les choses que nous avons vues et de l'après-midi inoubliable à la Comédie Française.

Après le repas de ce soir, nous n'avons presque plus faim. Alexandre sort quand même des chips et du guacamole pour grignoter un peu avant d'aller au lit. Quelques minutes plus tard, Mattis et Alexandre se sont déjà endormis sur le canapé. Je vais encore me brosser les dents avant d'aller dormir. Demain sera une autre belle journée dans mon voyage à travers la France.

***

Le réveil sonne à neuf heures du matin, je me lève et vais directement à la douche. Oh non, c'est occupé et il n'y a qu'une seule salle de bain. Je décide donc d'aller dans la cuisine pour préparer un petit-déjeuner pour nous trois. Quand j'arrive dans la cuisine, je vois que Mattis a déjà préparé le petit-déjeuner. Je ne sais pas quoi faire !

Alexandre sort de la douche et nous demande si nous avons bien dormi. Je vais dans la salle de bain, pour prendre une douche. Il y a encore beaucoup de buée, c'est parfait pour ne pas avoir froid. Quinze minutes plus tard, je sors de la salle de bain, prête pour la journée touristique.

Nous prenons le petit-déjeuner à trois et discutons de mon voyage. Tout le monde a envie de voyager comme moi, parce que ça permet de mieux connaître le pays et de découvrir les différentes cultures et spécialités des régions.

Alexandre m'explique les activités que nous allons faire aujourd'hui. Nous allons d'abord aller à la Tour Eiffel puis aux Champs Élyséee, la rue commerçante la plus connue de France. Ça me semble être un super plan pour la journée !

Il y a aussi beaucoup de musées intéressants à Paris, comme le Musée d'Orsay ou le Centre Pompidou. Mais comme la visite du Louvre, je les garde pour une prochaine visite.

Nous sortons de la maison pour aller à la Tour Eiffel. Pour y aller, nous prenons le métro, mais cette fois-ci, je ne fais pas attention puisque Mattis et Alexandre connaissent le métro parisien par cœur. En métro, nous mettons trente minutes et nous profitons du trajet pour discuter. Je ne vais pas rencontrer la copine de Mattis, parce qu'elle n'est pas à Paris aujourd'hui. C'est dommage, mais il promet de bientôt venir me voir à Nice, pour que je puisse la rencontrer.

Nous arrivons à la Tour Eiffel et je suis une nouvelle fois impressionnée. La Tour Eiffel est plus grande que je me l'étais imaginée. Nous décidons de monter en prenant les marches, c'est moins cher que l'ascenseur et nous sommes jeunes ! En haut, nous avons une superbe vue sur la ville. Maintenant, je comprends pourquoi on dit que c'est un des endroits les plus romantiques de Paris.

Nous passons une très belle matinée, nous redescendons de la Tour Eiffel et nous promenons aussi un peu au Jardin du Trocadéro. L'atmosphère est vraiment incroyable, il y a beaucoup de familles et de touristes qui profitent de la belle journée.

Après avoir mangé quelque chose pour midi, nous allons aux Champs Élysées. C'est une grande avenue avec beaucoup de magasins avec des vêtements de marque. C'est un endroit, où c'est facile de rencontrer des célébrités. Même si Nice est une grande ville aussi, ce genre de rue n'existe pas.

Je profite de **l'occasion** pour faire un peu de shopping et nous continuons notre promenade sur l'avenue la plus connue de la capitale. A la fin de l'avenue, nous voyons l'Arc de Triomphe, un des emblèmes de la ville.

Autour de l'Arc de Triomphe, il y a toujours beaucoup de gens. Il y a bien sûr beaucoup de touristes, mais aussi des habitants, puisque l'Arc de Triomphe se trouve à **la frontière** entre trois arrondissements.

Il y a un mot qui résume mon expérience à Paris : Impressionnante. J'ai passé de supers journées avec Mattis et Alexandre, qui ont été très généreux avec moi. A dix heures du soir, je vais prendre un train pour aller à Rennes, ma prochaine destination.

Nous nous disons au revoir et je suis très triste, mais nous nous promettons de nous revoir bientôt. Ils m'accompagnent à la gare. Quand le train démarre, je vois que Mattis verse une **larme**, et il m'arrive la même chose. On n'oublie jamais les bons amis.

BEARBEITE NUN DIE VERSTÄNDNISFRAGEN!

Was ist das Besondere am Pariser U-Bahn-Netz?

- ☐ Es ist sehr alt
- ☐ Es ist sauber
- ☐ Es ist sehr teuer

In welchem Stockwerk wohnen Mattis und Alexandre?

- ☐ Im dritten Stock
- ☐ Im zweiten Stock
- ☐ Im vierten Stock

Über was freut sich Laura ganz besonders?

- ☐ Den Besuch im Theater
- ☐ Das leckere Essen beim Vietnamesen
- ☐ Die Cathedrale Notre-Dame-de-Paris

Was macht Laura sofort nach dem Aufstehen?

- ☐ Sie geht ins Badezimmer
- ☐ Sie geht in die Küche
- ☐ Sie geht auf den Balkon

Wie beschreibt Laura ihre Erfahrung in Paris?

- ☐ Enttäuschend
- ☐ Nicht schlecht
- ☐ Beeindruckend

PARIS, DIE HAUPTSTADT FRANKREICHS

Nach zweieinhalb Stunden Zugfahrt komme ich in der Hauptstadt Frankreichs an. Paris hat viele Vorteile und so manchen Nachteil für einen Reisenden. Das Beste ist, dass es eine große Auswahl an Aktivitäten und Sehenswürdigkeiten gibt. In dieser Stadt kann man einen Monat lang interessante Sachen sehen... Das Schlimmste ist, dass sie so groß ist, dass man zu viel Zeit mit den Anfahrten verliert, obwohl die Pariser Metro sehr schnell ist.

Ich komme an einem der größten Bahnhöfe von Paris an: den Gare Montparnasse. Von diesem Bahnhof fahren vor allem Züge in den Westen Frankreichs. Über tausend Passagiere gehen jeden Tag durch diesen Bahnhof. Außerdem ist er gut mit dem U-Bahn-Netz verbunden, da von hier die Linien vier, sechs, zwölf und dreizehn abfahren. Die Pariser sind daran gewöhnt die Nummern der U-Bahn-Linien zu sagen, aber für ein Reisenden ist es unmöglich alle zu kennen.

In Paris werde ich bei meinen Freunden Mattis und Alexandre bleiben. Ich kenne sie, weil ich mit ihnen gewohnt habe, aber wir haben uns seit einem Jahr nicht gesehen. Sie haben nicht kommen können, um mich am Bahnhof zu empfangen, aber sie warten zu Hause auf mich, wo ich die nächsten Tage verbringen werde.

Vom Bahnhof Montparnasse muss ich die U-Bahn nehmen, um zu meinen Freunden zu fahren. Vorher muss ich aber eine Karte kaufen. Wenn ich zehn auf einmal kaufe, ist es günstiger. Aber da ich nicht so häufig U-Bahn fahren werde, entscheide ich mich dazu nur zwei zu kaufen. Ein Ticket für eine Fahrt in Paris kostet ein Euro neunzig.

Um in die U-Bahn zu gelangen, reicht es aus, die Karte an das Lesegerät zu halten oder das Ticket einzuführen. Dann gehen die Türen auf, aber in Paris sieht man auch viele Menschen, die einfach über die Absperrungen springen. Einmal drinnen bemerkt man, dass das Pariser U-Bahn-Netz ein echtes Labyrinth ist. Jede Linie der U-Bahn hat ihr eigenes Gleis und es gibt viele kleine Wege, die von einem Gleis zum Nächsten führen, wenn man umsteigen muss. Zum Glück gibt es viele Schilder, die anzeigen, wo man hinmuss. Eine andere Besonderheit der Pariser U-Bahn ist, dass sie sehr alt ist, es gibt nur wenige Aufzüge oder Rolltreppen.

Ich muss zur Station Parmentier fahren, also frage ich nach einer U-Bahn-Karte an der Informationsstelle und schaue, welche Linie ich nehmen muss. Um den Pariser U-Bahn-Plan zu verstehen, genügt es, seine Haltestelle zu finden und der Linie zu folgen, um zu erfahren, um welche es sich handelt.

Für mich ist es klar: Ich muss die Linie vier in Richtung Porte de Clignancourt bis zur Haltestelle Sébastopol nehmen, dann muss ich in die Linie drei Richtung Gallieni umsteigen, um noch vier Haltestellen weiterzufahren. Dann muss ich bei Parmentier aussteigen. Es ist sehr leicht zu finden, wenn man die Karte vor Augen hat.

Die U-Bahn in Paris fährt sehr häufig, fast alle drei Minuten. Auf dem Bildschirm kann ich sehen, dass es zwei Minuten bis zur nächsten U-Bahn dauert. Hier sind nicht zu viele Leute, weil es keine Hauptverkehrszeit ist. Um acht Uhr am Morgen ist das sicher anders...

Die U-Bahn kommt an und ich setze mich, weil es mir nicht gefällt im Stehen zu fahren. Es sind neun Haltestellen bis Sébastopol und die nächste Haltestelle wird immer über Lautsprecher angekündigt. Nach fünfzehn Minuten komme ich bei Sébastopol an und muss jetzt die Linie drei in Richtung Gallieni finden.

Es gibt wirklich überall sehr viele Schilder, es ist also schwer sich zu verirren. Ich gehe ein paar Minuten und komme am richtigen Gleis an. Als die U-Bahn kommt, steige ich ein und bemerke, dass diese U-Bahn voller ist als die letzte. Ich muss also stehen. Im Nachbarswagen spielt ein Mann mit einem Akkordeon und animiert alle Leute.

Nach fünf Minuten kündigt der Lautsprecher die Haltestelle Parmentier an. Ich nähere mich der Tür und steige aus, als der Zug anhält. Ich fahre die Rolltreppe hinauf, um auf die Straße zu gelangen und auf meinem Handy die genaue Adresse zu suchen, in der meine Freunde wohnen. Laut dem GPS bin ich vier Minuten zu Fuß entfernt.

Ich spaziere durch die Straßen von Paris und bemerke, dass das absolut nicht wie Nantes aussieht. Überall sind viele Leute. Es stimmt, dass ich im Zentrum der Stadt bin, aber es sieht so aus, als ob es alle eilig haben.

Mattis und Alexandre haben mir per WhatsApp den Pin für die Tür geschickt. Ich gebe ihn ein und die Tür geht sofort auf. Es gibt aber eine schlechte Nachricht: Sie wohnen im vierten Stock ohne Fahrstuhl und ich habe den Koffer! Als ich im ersten Stock ankomme, erscheint Mattis, um mir mit dem Koffer zu helfen und wir umarmen uns. Ich betrete die Wohnung und Alexandre kommt durch den Flur, um mich ebenfalls zu umarmen. Es ist schon lange her, dass wir drei zusammen waren und wir freuen uns sehr, uns zu sehen.

Da sie die Stadt sehr gut kennen, lasse ich sie entscheiden. Mattis schlägt vor, einen Spaziergang im Viertel der Notre-Dame zu machen bevor wir essen, um schon mal einen der bekanntesten Orte Frankreichs und von Paris zu sehen.

Ich nutze die Gelegenheit in der Wohnung zu sein, um meine Sachen zu wechseln und mir etwas Elegantes anzuziehen. Im Zentrum von Paris machen sich die Leute normalerweise hübsch und kleiden sich gut. Deswegen ziehe ich mir eine hübsche weiße Bluse mit einer Jeans und ein Paar Sandalen mit niedrigem Absatz an.

Wir drei sind fertig und verlassen das Haus. Es ist wirklich ganz schön nervig keinen Fahrstuhl zu haben, wenn man in der vierten Etage wohnt. Aber die Mieten in Paris sind sehr teuer und die Wohnung ist wirklich sehr hübsch.

Die Notre-Dame de Paris liegt ungefähr zwanzig Minuten zu Fuß entfernt, aber es ist angenehm dorthin zu gehen, weil wir durch eines der bekanntesten Viertel von Paris gehen: dem Marais. Wir sehen die Kathedrale schon von weitem und sie ist immer noch sehr beeindruckend und schön, auch wenn es seit dem Brand in 2019 unmöglich ist, das Innere zu besichtigen.

In der Umgebung der Kathedrale gibt es viele Bars, aber auch Restaurants und künstlerische Geschäfte. Überall in diesem Viertel kann man Menschen sehen, die dabei sind zu jonglieren oder ein Instrument spielen, um etwas Trinkgeld zu bekommen.

Während wir spazieren, reden wir über unsere Arbeit und Partner. Auch wenn ich sehr wenig über meinen Partner zu erzählen habe, weiß ich, dass Mattis eine neue Freundin hat. Er sagt mir, dass sie Léa heißt und dass sie seit zwei Monaten zusammen sind. Sie sind noch dabei sich kennenzulernen, aber er sagt mir, dass sie sehr gut aussieht.

Wir kommen am Platz vor der Kathedrale an, und wie immer, wenn ich so einen beeindruckenden Ort sehe, bin ich sprachlos. Sie ist riesig und ihre zwei Türme sind genauso bezaubernd wie auf den Fotos.

Ihr Bau hat vom zwölften Jahrhundert bis zum vierzehnten Jahrhundert gedauert. Seitdem wurde sie schon mehrere Male restauriert. Die Notre-Dame de Paris ist wirklich sehr bekannt und ist eines der Symbole der französischen Kultur. Man erwähnt sie in zahlreichen Liedern, in der Literatur und in Opern. Das bekannteste Werk ist natürlich das von Victor Hugo aus dem Jahr 1831: Der Glöckner von Notre-Dame.

Der Platz vor der Kathedrale ist immer voll mit Menschen. Es gibt viele Touristen, die Fotos machen, aber auch ein paar Einwohner von Paris, die die Schönheit dieses Ortes ausnutzen. Außerdem ist die Kathedrale direkt an der Seine auf einer wunderschönen kleinen Insel.

Alexandre fragt uns, ob wir in eine Bar gehen wollen, um ein Bier zu trinken und etwas zu essen. Mattis und ich sind einverstanden. Alexandre bringt uns, in eines seiner Lieblingslokale, welches schon seit über achtzig Jahren existiert und seitdem viele Sachen aufbewahrt.

Wir betreten die Brasserie und sie ähnelt mehr einem Museum als einer Bar. Die Wände sind voll mit Schwarz-Weiß-Fotos, auf denen viele berühmte Menschen zu sehen sind, die in dieser Bar gewesen sind. Ich liebe solche Orte, da es immer ein gastfreundliches Ambiente gibt. Jetzt verstehe ich, warum sie es geschafft haben, so viele Jahre geöffnet zu bleiben.

Während wir das Bier trinken, sage ich meinen Freunden, dass ich große Lust habe zum Louvre zu gehen. Ich erinnere mich gut an diesen Ort und ich liebe ihn. Mattis sagt mir, dass sie das für diesen Nachmittag geplant haben und dass ich ihnen die Überraschung verdorben habe. Vorher werden wir aber noch hier essen. Da die Brasserie in Paris immer ein Tagesmenü anbieten, entscheiden wir hier zu bleiben, um zu essen.

Mattis hat Appetit auf einen Croque-Monsieur. Das ist ein typisch französisches Gericht, dass aber mittlerweile auf der ganzen Welt bekannt ist. Alexandre und ich schauen uns das Tagesmenü an und entscheiden uns dazu, es zu bestellen. Wir werden also eine Zwiebelsuppe als Vorspeise bekommen und anschließend Pommes mit Entrecote als Hauptspeise.

Wir warten auf unser Essen, während wir unsere Biere austrinken. Wir müssen aber nicht lange warten. Unsere Speisen werden serviert und es sieht köstlich aus. Das Tagesmenü kostet hier nur fünfzehn Euro! Das ist ein sehr guter Preis für Pariser Verhältnisse, weil hier normalerweise alles teurer ist.

Wir verlassen das Lokal mit vollen Bäuchen. Ich weiß nicht, wie ich noch den ganzen Nachmittag spazieren soll. Mattis hat eine tolle Idee: Er schlägt vor, dass wir ein Kaffee zum Mitnehmen bestellen. Immerhin ist Paris für seine Espressi bekannt.

Der Espresso gibt uns Energie und wir gehen in die Richtung des Louvre Museums. Zu Fuß brauchen wir etwa fünfzehn Minuten von der Kathedrale dorthin. Das ist perfekt, um unseren Kaffee zu trinken und dabei im historischen Zentrum von Paris zu spazieren.

Wenn man zum ersten Mal das Louvre sieht, stockt einem der Atem. Es ist ein imposantes und riesiges Gebäude aus dem achtzehnten Jahrhundert. Von außen fällt es mir schwer, mir vorzustellen, dass im Inneren mehr als fünfhunderttausend Kunstwerke sind. Vor allem gehören manche dieser Kunstwerke zu den bekanntesten der ganzen Welt, zum Beispiel die Mona Lisa. Aber heute habe ich keine Lust in das Museum zu gehen. Ich werde ein anderes Mal nach Paris kommen, um mir die zahlreichen Museen anzusehen.

Der Platz vor dem Louvre ist natürlich für die Louvre Pyramide bekannt. Diese Pyramide wurde komplett aus Glas und Metall gebaut und ist der Haupteingang des Museums. Hier sind sehr viele Touristen, die auf dem Platz Fotos und Selfies mit der Pyramide im Hintergrund machen.

Ganz in der Nähe des Louvre befindet sich der Tuilerien Garten, ein wunderschöner Gartenbereich im französischen Stil. Es ist perfekt, um einen Spaziergang mit der Familie oder mit Freunden zu machen. Vom Jardin des Tuileries kann man mehrere historische Gebäude und Skulpturen sehen. Im Inneren des Parks kann man fast vergessen, dass man im Zentrum einer riesigen Stadt ist...

Neben dem Tuilerien Garten befindet sich ebenfalls der Jardin du Palais-Royal. Dieser Park ist viel kleiner als der Tuilerien Garten, aber genauso hübsch. In der Mitte des Gartens ist ein riesiger Brunnen. Der Garten ist von alten Gebäuden umgeben und Bäume säumen die Wege. Hier sitzen immer Menschen auf den Bänken, vor allem während den Mittagspausen, da man so die frische Luft genießen kann.

Da wir immer noch im ersten Arrondissement von Paris sind, gehen wir an der Comédie-Française vorbei. Die Comédie Française ist eines der bekanntesten Theater Frankreichs. Es existiert seit dem siebzehnten Jahrhundert und ist ein Gebäude, in das ich sehr gerne gehen würde. Ich habe im Internet Bilder gesehen und der Aufführungssaal sieht sehr beeindruckend aus, mit Balkonen und großen roten Vorhängen. Ich schlage Mattis und Alexandre vor, ein Theaterstück in der Comédie Française anzusehen und sie schauen sich gegenseitig an und lachen. Ich verstehe nicht, was los ist. Alexandre hält es nicht mehr aus und erzählt mir was los ist: Sie haben drei Eintrittskarten gekauft, um ein Stück von Molière in der Comédie Française anzusehen.

Ich kann es nicht fassen und gebe beiden eine große Umarmung. Ich finde, es ist ein schönes Geschenk und die Aufführung beginnt in einer Stunde. Es ist wirklich unglaublich! Ich schimpfe ein bisschen mit ihnen, weil ich weiß, dass die Eintrittskarten nicht billig sind, aber sie sagen mir, dass es sich wirklich lohnt und dass wir eine schöne Zeit haben werden.

Gott sei Dank trage ich Kleidung, die ein bisschen elegant ist. Ich möchte nicht mit einem Sommerkleid in die Comédie Française gehen... Ich bin aufgeregt und weiß nicht, was ich sagen soll. Ich bedanke mich nur tausend Mal bei ihnen, weil sie wirklich großzügig zu mir sind.

Wir betreten das Theater und es ist wie eine Reise in die Vergangenheit. Alles ist vergoldet und luxuriös. Die Decke ist mit Gemälden überzogen. Der Raum ist sehr beeindruckend und ich denke, dass ich zu schüchtern wäre, um an so einem Ort auf die Bühne zu gehen.

Wir sehen die Aufführung und ich genieße den Moment wie ein kleines Kind. Es ist ein unvergesslicher Moment und ich teile ihn mit zwei meiner besten Freunde. Leider hat alles ein Ende und als wir das Theater verlassen, ist es schon Nacht.

Ich möchte meine Freunde zum Abendessen einladen, da sie mich zum Theater eingeladen haben. Ich lasse sie aber trotzdem den Ort aussuchen, weil sie die Gegend besser kennen als ich. Mattis hat eine Idee:

Mattis: Habt ihr Lust in ein vietnamesisches Restaurant zu gehen?

Laura: Ja, ich liebe es, neue Sachen zu probieren.

Mattis: Super, es gibt eines in der Nähe, das sehr gut ist.

Wir gehen in das Restaurant und der Kellner bringt uns drei Karten. Gleich beim Eintreten kann man die Gewürze riechen. Sie sind anders als die der französischen Küche, aber es riecht trotzdem sehr lecker.

Ich kenne gerade mal zwei Gerichte der ganzen Karte, also lasse ich Mattis für mich aussuchen. Ich verlasse mich auf ihn. Wir essen viel und alles ist sehr lecker. Es ist ein voller Erfolg gewesen hierherzukommen, aber wir sind sehr müde, weil wir den ganzen Tag außerhalb verbracht haben. Wir gehen langsam nach Hause.

Ich sehe schon die Hauseingangstür und freue mich. Ich habe Lust mich auf die Couch zu legen, aber ich muss noch die vier Stockwerke nach oben gehen. Es ist sehr ermüdend! Wir sind zuhause und wir drei lassen uns auf das Sofa fallen. Wir sind sehr müde, aber glücklich über alles, was wir gesehen haben und über den unvergesslichen Nachmittag in der Comédie Française.

Nach dem vielen Essen von heute haben wir kaum Hunger. Alexandre holt trotzdem Kartoffelchips und Guacamole heraus, um eine Kleinigkeit zu essen bevor wir ins Bett gehen. Nach wenigen Minuten sind Mattis und Alexandre schon auf dem Sofa eingeschlafen. Ich werde meine Zähne putzen und schlafen gehen. Morgen wird ein weiterer schöner Tag auf meiner Reise durch Frankreich.

***

Der Wecker klingelt um neun Uhr morgens, ich stehe auf und gehe direkt zur Dusche. Oh nein, sie ist besetzt und es gibt nur ein Badezimmer. Also beschließe ich, in die Küche zu gehen und ein Frühstück für uns drei zuzubereiten. Als ich in die Küche komme, sehe ich, dass Mattis das Frühstück schon vorbereitet hat. Ich weiß nicht, was ich machen soll!

Alexandre kommt aus der Dusche und fragt, ob wir gut geschlafen haben. Ich gehe nun ins Badezimmer, um mich zu duschen. Dort ist viel Dunst. Perfekt, damit einem nicht kalt wird. Nach fünfzehn Minuten verlasse ich das Badezimmer bereit für einen Tourismustag.

Wir drei frühstücken zusammen, während wir uns über meine Reise unterhalten. Jeder hat Lust eine Reise zu machen, wie ich sie gerade mache, weil man dadurch sein Land besser kennenlernt und die verschiedenen Kulturen und Spezialitäten der Regionen entdeckt.

Alexandre erklärt mir, welche Aktivitäten er für heute geplant hat. Zuerst gehen wir zum Eiffelturm und dann zu den Champs Élysée, die berühmteste Shoppingstraße Frankreichs. Das klingt für mich nach einem perfekten Plan!

In Paris gibt es auch viele interessante Museen, wie das Musée d'Orsay und das Centre Pompidou. Aber genauso wie das Louvre, lasse ich die für meinen nächsten Besuch.

Wir gehen aus dem Haus, um zum Eiffelturm zu gehen. Um dorthin zu gelangen, fahren wir mit der U-Bahn, aber dieses Mal achte ich nicht auf den U-Bahn-Plan, da Mattis und Alexandre die Pariser U-Bahn schon auswendig kennen. Mit der U-Bahn brauchen wir dreißig Minuten und wir nutzen die Fahrt, um zu plaudern. Ich werde die Freundin von Mattis nicht kennenlernen, weil sie heute nicht in Paris ist. Es ist schade, aber er verspricht mir, dass sie mir bald einen Besuch in Nizza abstattet, damit ich sie kennenlerne.

Wir kommen am Eiffelturm an und ich bin mal wieder beeindruckt. Der Eiffelturm ist größer, als ich erwartet habe. Wir entscheiden uns, hoch zu gehen und nehmen dazu die Stufen, weil es günstiger ist als der Aufzug und wir jung sind. Oben haben wir eine tolle Aussicht auf die Stadt. Jetzt verstehe ich, warum man sagt, dass es einer der romantischsten Orte von Paris ist.

Wir verbringen einen schönen Vormittag, gehen wieder runter und spazieren anschließend ein bisschen im Jardin du Trocadéro. Die Atmosphäre ist toll, hier sind viele Familien und Touristen, die den schönen Tag genießen.

Nach dem Essen nähern wir uns dem Champs Élysée. Es ist eine große Allee mit vielen Geschäften mit Markenkleidung. Es ist ein Ort, wo man sehr leicht jemanden berühmten treffen kann. Auch wenn Nizza ebenfalls eine Großstadt ist, gibt es dort nicht so eine Straße.

Ich nutze die Gelegenheit und kaufe mir ein paar Kleider und wir setzen unseren Spaziergang durch die bekannteste Straße der Hauptstadt fort. Am Ende der Allee sehen wir den Triumphbogen, eines der Symbole der Stadt.

Um den Triumphbogen sind immer viele Menschen. Natürlich sind viele davon Touristen, aber es gibt auch Einheimische, da der Triumphbogen sich an der Grenze zwischen drei Bezirken befindet.

Es gibt ein Wort, das meine Erfahrung in Paris zusammenfasst: Beeindruckend. Ich hatte ein paar tolle Tage mit Mattis und Alexandre, die sehr großzügig zu mir waren. Um zehn Uhr abends fährt mein Zug nach Rennes ab, mein nächstes Reiseziel.

Wir verabschieden uns und ich bin sehr traurig, aber wir versprechen uns, uns bald wiederzusehen. Sie begleiten mich bis zum Bahnhof. Als mein Zug abfährt, sehe ich wie Mattis eine Träne vergießt und mir passiert das Gleiche. Gute Freunde vergisst man nie.

Rennes, la Bretagne dans toute sa beauté

VOKABELN

minuit	Mitternacht
à l'heure	pünktlich
pluvieux	regnerisch
comparable	vergleichbar
propre	sauber
défaire sa valise	auspacken
ordinaire	alltäglich
populaire	beliebt
pavé	gepflastert
piéton(ne)	autofrei / verkehrsfrei
le pan-de-bois	das Holzfachwerk
rennais	aus der Stadt Rennes
le gazon	der Rasen
l'hôtel de ville (un)	das Rathaus
s'inscrire	sich einschreiben
le règne	die Herrschaft
l'horloge (une)	die Uhr
s'empêcher de quelque chose	sich von etwas abhalten
le droit	das Recht
l'œuf sur plat (un)	das Spiegelei
une sorte de …	eine Art von …
la farine	das Mehl
breton/ne	aus der Bretagne
digérer	verdauen
la cascade	der Wasserfall

le mélange	die Mischung
la grotte	die Höhle
le bassin	das Becken
la roseraie	der Rosengarten
le détour	der Umweg
la sieste	das Nickerchen
sobre	unscheinbar
l'exposition permanente (une)	die Dauerausstellung
le tournoi	der Wettbewerb
plein à craquer	brechend voll
la soif	das Durstgefühl
la forteresse	die Festung

Le voyage en train de Paris à Rennes est très confortable et surtout très rapide. Rennes se trouve à l'ouest de Paris, en Bretagne. Le trajet prend donc seulement une heure et demie et j'arrive à Rennes à **minuit**. Ce n'est pas la meilleure heure pour arriver dans une nouvelle ville, mais grâce à cela, je n'ai pas payé beaucoup pour le ticket de train.

La gare centrale de Rennes est à environ vingt minutes à pied du centre-ville historique. La gare est beaucoup plus petite que celle de Paris. C'est agréable, mais aussi logique, puisque Rennes compte seulement deux cent vingt mille habitants. Le train arrive **à l'heure** et puisque je ne connais pas très bien la ville et qu'il est déjà tard, je décide de prendre un taxi pour aller à l'hôtel.

Mon hôtel se trouve à côté du centre-ville de Rennes. Comme dans beaucoup de villes françaises, le centre-ville est aussi le centre historique. Rennes est une très vieille ville, et depuis la fenêtre du taxi, je peux déjà voir quelques anciens bâtiments. Même s'il fait nuit, Rennes a l'air d'être une très belle ville. J'ai hâte de pouvoir la visiter à la lumière du jour.

Le taxi se gare devant l'hôtel et le chauffeur de taxi sort ma valise du coffre de la voiture. Je vois une jeune femme derrière la réception et je pense qu'elle m'attend, je dois être la dernière cliente à venir ce soir. Heureusement, je ne veux pas passer une nuit dans les rues de Rennes... La Bretagne est quand même l'une des régions les plus **pluvieuses** de France.

Ma chambre est jolie, mais elle n'est pas **comparable** avec celle que j'avais à Nantes, et pourtant, j'ai payé le même prix. Je pense vraiment que l'hôtel à Nantes s'était trompé... Mais ici, il y a quand même tout ce dont j'ai besoin et c'est très **propre**. Sans

défaire ma valise, je m'allonge sur le lit pour me reposer, je suis très fatiguée.

***

En me réveillant le lendemain, je me rappelle que le petit-déjeuner n'est pas inclus dans cet hôtel. Je vais donc dans le café qui se trouve exactement à côté de l'hôtel, pour prendre un petit-déjeuner. J'aime beaucoup prendre mon petit-déjeuner dans un café, parce qu'il y a toujours des gens qui prennent un café avant d'aller au travail. Beaucoup de gens lisent le journal, il y a une ambiance **ordinaire** et familière.

Je prends un petit-déjeuner typiquement français, un croissant et un café, qui me coûte trois euros cinquante, moins qu'un petit-déjeuner à l'hôtel. Je sors du café avec de l'énergie et une grande envie de découvrir Rennes. C'est une ville très **populaire**, connue parce que c'est une ville étudiante et donc très vivante.

En tout premier, je vais visiter la Cathédrale Saint-Pierre de Rennes. Elle se trouve dans le centre historique et se trouve donc proche de mon hôtel. Pour arriver à la cathédrale, je passe par les petites rues commerçantes de la ville. Toutes ces rues sont **pavées** et sont bordées de vieux bâtiments de chaque côté. Je passe devant de nombreuses boutiques et bars.

Une des plus belles rues de Rennes est la rue Saint-Georges. C'est une très belle **rue piétonne** avec beaucoup de façades à **pans-de bois**. Il y a des maisons en bois, mais aussi en pierre, qui datent du seizième siècle au dix-huitième siècle. C'est une rue typique de l'architecture **rennaise**. Elle est aussi connue parce qu'il y a beaucoup de restaurants et bars dans cette rue. A la fin de cette rue, se trouve la Place du Parlement de Bretagne. Pour voir la cathédrale, je dois encore continuer un peu ma promenade.

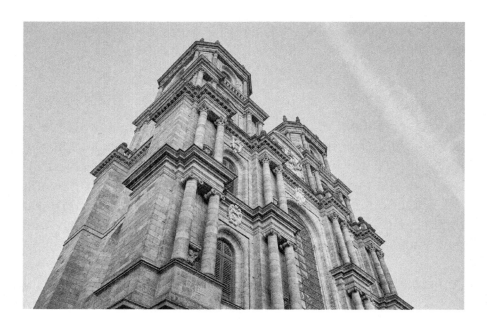

J'arrive sur la place devant la cathédrale et je m'arrête. Je veux regarder un peu la cathédrale de dehors. Elle est magnifique, mais c'est une jeune cathédrale, puisqu'elle a été complètement reconstruite au dix-neuvième siècle. Elle est quand même impressionnante avec ses deux tours de quarante-huit mètres, qui datent quant à elles du seizième siècle. Cette fois-ci, je ne visiterai pas la cathédrale de l'intérieur. Je n'ai qu'une journée à Rennes et je veux voir le plus d'endroits possibles !

Après avoir observé ce monument historique pendant cinq minutes, je retourne à la place du Parlement de Bretagne pour observer ce bâtiment impressionnant. Devant le parlement, il y a une grande place avec des bancs et du **gazon**. Je m'assois un peu et je me repose en profitant de la vue sur ce bâtiment historique.

Je me lève et je continue ma promenade dans le centre-ville historique. Je passe devant la Porte Mordelaise. Elle a été construite au quinzième siècle et c'est en fait l'ancienne entrée principale de la ville. Elle date donc du Moyen-Âge !

Quand j'ai fini de visiter la Porte Mordelaise, je me dirige vers **l'hôtel de ville**. En été, l'office du tourisme propose des visites guidées gratuites. Je m'y suis **inscrite** pour pouvoir apprendre plus de choses sur ce bâtiment. En plus, je n'ai pas encore visité de tel monument pendant tout mon tour de France.

Le bâtiment est déjà impressionnant de l'extérieur. L'hôtel de ville a été reconstruit au dix-huitième siècle sous **le règne** de Louis XV. Au centre du bâtiment, se trouve la tour de **l'horloge**. Je ne peux pas **m'empêcher** de rester un peu devant le bâtiment pour l'admirer !

La visite guidée dure environ quarante-cinq minutes. J'apprends beaucoup de choses sur la construction et l'histoire de l'hôtel de ville. Ce bâtiment est beaucoup plus riche en histoire qu'on pourrait le croire de l'extérieur. Il y a un Panthéon pour rendre hommage aux victimes de la guerre d'Algérie et de la guerre d'Indochine. En plus de cela, l'hôtel de ville abritait aussi la faculté de **droit.**

Après la visite guidée, il est déjà midi. Puisque je me suis beau-coup promenée dans le centre historique ce matin, j'ai très faim. Je suis très heureuse d'être en Bretagne. Les spécialités culinaires de la Bretagne sont les galettes et les crêpes, et j'adore les crêpes.

Puisque je ne connais pas bien Rennes, je demande à une pass-ante, où je peux manger pour midi. Elle me décrit le chemin vers un bon restaurant du centre-ville. Le restaurant est dans l'une des rues médiévales. Puisque le restaurant se trouve dans une zone piétonne et qu'en plus le soleil brille, j'en profite pour m'installer en terrasse.

Je commande un verre de cidre. Le cidre est aussi une spécialité de la Bretagne et on en boit souvent pour accompagner les galet-tes. Pour manger, je commande d'abord une galette avec du jam-bon, du fromage et un **œuf sur le plat**. Pendant que j'attends mon repas, je profite de la vue sur les bâtiments. Quelle belle journée d'été !

Quinze minutes plus tard, le serveur m'apporte ma galette. Il me souhaite bon appétit et je commence tout de suite à la manger. Les galettes sont **des sortes de** crêpes salées, à base de **farine** de sarrasin. On les mange toujours avec une garniture salée, soit du jambon, du fromage et des champignons mais aussi avec des choses moins traditionnelles comme de la féta, du basilic ou des tomates séchées.

C'est vraiment délicieux ! Je suis ravie d'être venue dans ce restaurant. Ce n'est pas possible d'aller en Bretagne sans aller dans une crêperie. Je pourrais passer toute mon après-midi à manger des galettes, mais je ne devrais pas trop manger. Je dois encore beaucoup marcher cet après-midi.

Je finis ma galette, et même si je n'ai plus trop faim, je vais quand même prendre une crêpe sucrée. Ce n'est pas responsable, mais j'aime trop les desserts. Je commande donc une crêpe au caramel au beurre salé, une autre spécialité **bretonne**. Je demande aussi un café, pour me redonner un peu d'énergie. Cinq minutes plus tard, le serveur m'apporte la crêpe et le café, et encore cinq minutes plus tard, j'ai fini.

Je demande donc l'addition au serveur. En tout, je paie vingt-cinq euros quarante. C'est assez cher, mais ça en valait le coup. La galette, la crêpe et le cidre étaient vraiment bons et la rue dans laquelle je suis est incroyable.

Je quitte le restaurant et m'assois sur un banc pour réfléchir à ce que je vais faire cet après-midi. J'ai récupéré une brochure touristique pendant ma visite guidée ce matin. Je la regarde un peu pour m'aider à décider ce que je vais faire cet après-midi.

Puisque je suis encore en train de **digérer**, je choisis d'aller d'abord au Parc du Thabor. Cela me permet de me promener et de me reposer. Le parc est un peu en dehors du centre-ville et je mets environ dix minutes pour y aller.

Le parc est immense, et il y a de tout, des petites **cascades**, un jardin botanique et des sculptures. Sur les dix hectares que fait le parc, on retrouve un **mélange** entre un jardin à la française et un jardin à l'anglaise. Je passe devant des petites **grottes**, des **bassins** et même des **roseraies**. En plus, le parc est plein de jeunes. Ils profitent de la belle journée d'été pour lire un livre au soleil ou pour boire une bière avec leurs amis.

Ça vaut vraiment le coup de faire le **détour** pour voir ce parc. Je m'y promène pendant presque une heure et je pense quand même que je n'ai pas tout vu. J'aurais bien aimé m'asseoir aussi un peu et faire une petite **sieste** au soleil. Mais j'ai encore envie de voir d'autres endroits à Rennes.

Je retourne donc au centre-ville pour visiter la Chapelle de Saint-Yves. Elle est proche de la cathédrale que j'ai vue ce matin. Je prends donc environ quinze minutes pour y aller.

De l'extérieur, la chapelle est assez **sobre**. Elle a été construite au quinzième siècle et est de style gothique. Mais une amie m'a dit qu'il faut rentrer dans la chapelle pour bien pouvoir l'apprécier. La décoration à l'intérieur de la chapelle est intéressante. Quand on regarde bien, on y trouve beaucoup de sculptures de forme animale. Je n'ai jamais été dans une chapelle pareille.

Je profite d'être à l'intérieur pour regarder la petite **exposition permanente** sur la ville de Rennes. J'apprends plusieurs choses sur l'histoire de la ville, ce qui me rend très heureuse. Je ne pensais pas que j'apprendrais autant, juste en une journée.

Pour bien finir la journée, je décide de faire un dernier tour dans le centre historique de Rennes. Il me plaît vraiment beaucoup et on peut ressentir toute l'histoire de Rennes. De cette manière, j'arrive sur la Place des Lices. Aujourd'hui, la Place des Lices est connue pour son grand marché, un des plus grands marchés de France pour être plus précis. Mais à l'époque médiévale, c'est ici qu'avaient lieu les **tournois** de chevalier. L'architecture autour de la place est un mélange entre des maisons en pans-de-bois du dix-septième siècle et de structures métalliques du dix-neuvième siècle. C'est une place avec beaucoup de charme.

En continuant ma promenade, je passe aussi devant l'opéra de Rennes et le Palais Saint-Georges. Il est déjà six heures du soir et les terrasses des bars se remplissent. Je remarque qu'il y a vraiment beaucoup de jeunes à Rennes. Le centre-ville est maintenant **plein à craquer**.

Puisque Rennes est aussi connue pour ses bars, je suis obligée d'en découvrir au moins un. Pour cela, je vais dans une des rues les plus connues de Rennes : la rue Saint-Michel. Le surnom de cette rue est « la rue de la **soif** », puisqu'il n'y a presque que des bars. J'en choisi un et je me repose en buvant une bière en terrasse.

En observant toutes les belles maisons médiévales autour de moi, je me dis que c'est dommage que je ne puisse pas aller à la **Forteresse** de Fougères. C'est un vieux village médiéval avec un château. Dommage que le village soit à quarante minutes en voiture de Rennes. Mais j'espère que j'aurais le temps d'y aller, la prochaine fois que je visiterai la Bretagne.

Je grignote un peu quelque chose dans le bar puis je décide qu'il est l'heure de rentrer à l'hôtel. Je ne mets que dix minutes pour rentrer. Il n'est que neuf heures du soir, mais je pense que je vais dormir. Je n'ai pas beaucoup dormi la nuit dernière, et demain matin, je prends un avion pour Strasbourg à huit heures du matin. Je devrai donc être à l'aéroport à six heures et demie, puisque je dois encore enregistrer mes baguages.

Rennes est une ville qui est connue dans toute la France. Maintenant, je sais enfin pourquoi. Le vieux centre est vraiment beau et pourtant la population est jeune et dynamique. C'est un très bon mélange !

BEARBEITE NUN DIE VERSTÄNDNISFRAGEN!

Um wie viel Uhr kommt Laura in Rennes an?

- ☐ 00:00 Uhr
- ☐ 01:00 Uhr
- ☐ 00:30 Uhr

Wie ist allgemein das Wetter in der Bretagne?

- ☐ Windig
- ☐ Regnerisch
- ☐ Sonnig

Zu welcher Jahreszeit gibt es Führungen im Rathaus?

- ☐ Im Winter
- ☐ Im Frühjahr
- ☐ Im Sommer

Was fand früher auf dem Place des Lices statt?

- ☐ Ein mittelalterlischer Markt
- ☐ Eine Architekturausstellung
- ☐ Ritter-Wettbewerbe

Was ist die letzte Aktivität die Laura in Rennes macht?

- ☐ Die Festung von Fougère besichtigen
- ☐ Ein Bier in einer Bar trinken
- ☐ Zur Kathedrale spazieren

Rennes, die Schönheit der Bretagne

Die Zugfahrt von Paris nach Rennes ist sehr bequem und sehr schnell. Rennes befindet sich im Westen von Paris, in der Bretagne. Die Fahrt dauert also nur eineinhalb Stunden und ich komme um Mitternacht in Rennes an. Das ist nicht die beste Zeit, um in einer neuen Stadt anzukommen, aber dadurch hat das Zugticket nicht viel gekostet.

Der Bahnhof von Rennes liegt zwanzig Minuten zu Fuß vom historischen Stadtzentrum entfernt. Der Bahnhof ist viel kleiner als der von Paris. Es ist sehr angenehm, aber auch logisch, da es in Rennes nur zweihunderttausend Einwohner gibt. Der Zug kommt pünktlich an und da ich die Stadt nicht sehr gut kenne und es schon ziemlich spät ist, entscheide ich mich dazu ein Taxi zu nehmen, um ins Hotel zu fahren.

Das Hotel befindet sich neben der Innenstadt von Rennes. Wie in vielen französischen Städten ist das Stadtzentrum auch gleichzeitig das historische Zentrum. Rennes ist eine sehr alte Stadt und deswegen sehe ich aus dem Taxifenster heraus schon alte Gebäude. Auch wenn es dunkel ist, scheint Rennes eine schöne Stadt zu sein. Ich kann es kaum erwarten, sie morgen bei Tageslicht zu besichtigen.

Das Taxi kommt am Hotel an und der Taxifahrer nimmt den Koffer aus dem Kofferraum des Autos heraus. Ich sehe, dass eine junge Frau an der Rezeption ist und ich glaube, dass sie auf mich wartet. Ich bin wahrscheinlich die letzte Kundin die heute Abend ankommt. Gott sei Dank, ich möchte keine Nacht in den Straßen von Rennes verbringen… Die Bretagne ist nämlich eine der regnerischsten Regionen Frankreichs.

Mein Zimmer ist hübsch, aber nicht vergleichbar mit dem in Nantes, dabei ist der Preis der gleiche. Ich glaube wirklich, dass das Hotel in Nantes sich geirrt hatte… Trotz allem ist hier alles, was ich brauche, und es ist sehr sauber. Ohne meinen Koffer auszupacken, lege ich mich ins Bett, um mich auszuruhen, weil ich super müde bin.

***

Als ich am nächsten Tag aufwache, erinnere ich mich daran, dass ich in diesem Hotel kein Frühstück inklusive habe. Ich gehe also in ein Café, das genau neben dem Hotel liegt, um zu frühstücken. Mir gefällt es sehr in Cafés zu frühstücken, weil es immer Leute gibt, die ihren Kaffee trinken, bevor sie zu ihrer Arbeit gehen. Viele lesen Zeitung und es herrscht eine sehr alltägliche Atmosphäre.

Ich nehme ein typisch französisches Frühstück, ein Croissant und einen Kaffee, welches mich drei Euros fünfzig kostet, weniger als ein Frühstück im Hotel. Ich gehe mit Energie und großer Lust Rennes genauer kennenzulernen aus dem Café raus. Es ist eine sehr beliebte Stadt. Sie ist bekannt, weil es eine Studentenstadt ist und deswegen sehr belebt ist.

Das erste, das ich besuchen werde, ist die Saint-Pierre Kathedrale von Rennes. Sie befindet sich im historischen Zentrum und liegt deswegen in der Nähe meines Hotels. Um zur Kathedrale zu kommen, gehe ich durch kleine Einkaufsstraßen der Stadt. Alle diese Straßen sind gepflastert und von alten Gebäuden gesäumt. Ich komme an zahlreichen Geschäften und Bars vorbei.

Eine der schönsten Straßen von Rennes ist die Rue Saint-Georges. Es ist eine sehr schöne Straße in der Fußgängerzone mit Fassaden aus Holzfachwerk. Es gibt Häuser aus Holz, aber auch aus Stein, die aus dem sechzehnten und aus dem achtzehnten Jahrhundert sind. Es ist eine Straße deren Architektur typisch für Rennes ist.

Sie ist auch bekannt, weil es in dieser Straße viele Restaurants und Bars gibt. Am Ende der Straße befindet sich der Place du Parlement de la Bretagne. Um zur Kathedrale zu kommen, muss ich meinen Spaziergang noch fortsetzen.

Ich komme am Platz vor der Kathedrale an und halte an. Ich möchte die Kathedrale ein wenig von außen betrachten. Sie ist wunderschön, aber es ist eine junge Kathedrale, da sie im neunzehnten Jahrhundert komplett neu gebaut wurde. Sie ist trotzdem beeindruckend mit ihren zwei achtundvierzig Meter hohen Türmen, die noch aus dem sechzehnten Jahrhundert stammen. Dieses Mal werde ich die Kathedrale nicht von Innen betrachten. Ich habe nur einen Tag in Rennes und ich möchte so viele Orte wie möglich besichtigen!

Nachdem ich diese historische Sehenswürdigkeit fünf Minuten lang betrachtet habe, gehe ich zum Place du Parlement de la Bretagne zurück, um dort das beeindruckende Gebäude anzuschauen. Vor dem Parlament ist ein großer Platz mit Bänken und etwas Wiese. Ich setze mich ein wenig hin und entspanne mich, während ich die Sicht auf dieses historische Gebäude genieße.

Ich stehe auf und setze meinen Spaziergang durch das historische Zentrum fort. Ich komme an der Porte Mordelaise vorbei. Sie wurde im fünfzehnten Jahrhundert errichtet und ist eigentlich der ehemalige Haupteingang der Stadt. Sie stammt also aus dem Mittelalter!

Als ich fertig damit bin, die Porte Mordelaise zu besichtigen, gehe ich in Richtung des Hôtel de Ville. Im Sommer bietet die Touristeninformation kostenlose Führungen an. Ich habe mich dafür eingeschrieben, um mehr über dieses Gebäude zu erfahren. Außerdem habe ich auf meiner Frankreichreise noch nicht so einen Ort besichtigt.

Das Gebäude ist schon von außen beeindruckend. Das Rathaus wurde im achtzehnten Jahrhundert, während der Herrschaft von Ludwig dem XV, wiedererrichtet. In der Mitte des Gebäudes befindet sich ein Glockenturm. Ich kann mich nicht davon abhalten, etwas vor dem Gebäude stehen zu bleiben, um es zu bewundern.

Die Führung dauert etwa fünfundvierzig Minuten. Ich lerne viele Sachen über den Bau und die Geschichte des Rathauses. Dieses Gebäude beherbergt viel mehr Geschichte, als man von außen denken könnte. Es gibt ein Panthéon, um den Opfern der Algerien- und Indochinakriegen zu ehren. Außerdem war dort früher auch die Rechtsfakultät.

Nach der Besichtigung ist es schon Mittagszeit. Da ich heute Morgen viel in der Altstadt spazieren war, habe ich jetzt großen Hunger. Ich bin sehr glücklich in der Bretagne zu sein. Die kulinarische Spezialität der Bretagne sind nämlich Galette und Crêpe, und ich liebe Crêpes.

Da ich mich in Rennes nicht auskenne, frage ich eine Passantin, wo man gut zu Mittag essen kann. Sie beschreibt mir den Weg zu einem guten Lokal in der Innenstadt. Das Restaurant ist in einer der mittelalterlichen Straßen. Da es ein Lokal in der Fußgängerzone ist und sogar die Sonne scheint, nutze ich es aus, um mich auf die Terrasse zu setzen.

Ich bestelle ein Glas Apfelwein. Apfelwein ist ebenfalls eine Spezialität der Bretagne und man trinkt ihn häufig zu Galette. Als Speise bestelle ich mir zuerst eine Galette mit Schinken, Käse und einem Spiegelei. Während ich auf meine Speise warte, genieße ich den Blick auf die Gebäude. Was für ein schöner Sommertag!

Fünfzehn Minuten später bringt mir der Kellner meine Galette. Er wünscht mir guten Appetit und ich fange sofort an zu essen. Galettes sind wie herzhafte Crêpes, die mit Buchweizenmehl gemacht werden. Man isst sie immer mit einer herzhaften Füllung, entweder mit Schinken, Käse und Pilzen, aber auch mit weniger traditionellen Zutaten wie Fetakäse, Basilikum oder getrocknete Tomaten.

Es ist wirklich köstlich! Ich bin sehr glücklich in dieses Restaurant gegangen zu sein. Es ist unmöglich in die Bretagne zu gehen, ohne eine Crêperie zu besuchen. Ich könnte den ganzen Nachmittag damit verbringen Galettes zu essen, aber ich sollte nicht zu viel essen. Ich muss heute Nachmittag noch sehr viel gehen.

Ich esse meine Galette auf und auch wenn ich nicht mehr wirklich Hunger habe, werde ich dennoch eine süße Crêpe bestellen. Es ist zwar nicht sinnvoll, aber ich mag Nachtische zu sehr. Ich bestelle also eine Crêpe mit gesalzenem Butterkaramell, eine andere Spezialität aus der Bretagne. Ich bitte auch nach einem Kaffee, um mehr Energie zu haben. Fünf Minuten später bringt mir der Kellner die Crêpe und den Kaffee, und nochmal fünf Minuten später habe ich aufgegessen.

Ich frage den Kellner nach der Rechnung. Insgesamt zahle ich fünfundzwanzig Euro und vierzig Cents. Es ist etwas teuer, aber das war es wert. Die Galette, die Crêpe und der Apfelwein waren wirklich lecker und die Straße, in der ich bin, ist wunderschön.

Ich verlasse das Restaurant und setze mich auf die Bank, um darüber nachzudenken, was ich heute Nachmittag machen werde. Ich habe während der Führung eine touristische Broschüre bekommen. Ich schaue sie an, um mir beim Entscheiden zu helfen.

Da ich noch am Verdauen bin, entscheide ich mich dazu zuerst in den Parc du Thabor zu gehen. Dort kann ich spazieren und mich etwas ausruhen. Der Park ist etwas außerhalb des Stadtzentrums und ich brauche etwa zehn Minuten, um dorthin zu kommen.

Der Park ist riesig und es gibt alles: kleine Wasserfälle, einen botanischen Garten und Skulpturen. Auf den zehn Hektar des Parks findet man eine Mischung aus französischem und englischem Garten. Ich komme an kleinen Höhlen, an Becken und sogar an Rosengärten vorbei. Außerdem ist der Garten voller junger Menschen. Sie genießen den schönen Sommertag, indem sie ein Buch in der Sonne lesen oder ein Bier mit Freunden trinken.

Es ist es wirklich wert den Umweg zu machen, um diesen Park zu sehen. Ich spaziere dort fast eine ganze Stunde und ich denke trotzdem, dass ich noch nicht alles gesehen habe. Ich hätte mich auch gerne ein bisschen hingesetzt und ein Nickerchen in der Sonne gemacht. Allerdings möchte ich auch noch andere Orte in Rennes sehen.

Ich gehe also zurück in die Innenstadt, um die Kapelle von Sankt-Yves zu besichtigen. Sie befindet sich in der Nähe der Kathedrale, die ich mir heute Morgen angeschaut habe. Ich brauche also nur fünfzehn Minuten, um dorthin zu gehen.

Von außen ist die Kapelle relativ unscheinbar. Sie wurde im fünfzehnten Jahrhundert im gotischen Stil gebaut. Aber eine Freundin von mir hat mir gesagt, dass ich in die Kapelle rein muss, um diese voll zu genießen. Die Dekoration im Inneren ist sehr interessant. Wenn man genau hinschaut, sieht man viele Skulpturen in Tierform. Ich war noch nie in so einer Kapelle.

Ich nutze es aus im Inneren zu sein, um mir noch die kleine Dauerausstellung über die Stadt Rennes anzuschauen. Ich erfahre mehrere Sachen über die Stadtgeschichte, was mich sehr glücklich macht. Ich wusste nicht, dass ich an einem Tag so viel lernen würde.

Um meinen Tag schön zu beenden, entscheide ich mich dafür, eine letzte Runde im historischen Zentrum zu drehen. Es gefällt mir wirklich sehr gut und man kann die ganze Geschichte Rennes spüren. So komme ich am Place des Lices an. Heutzutage ist dieser Platz für seinen großen Markt bekannt. Um genau zu sein, ist es einer der größten Märkte Frankreichs. Aber im Mittelalter fanden hier die Ritter-Wettbewerbe statt. Die Architektur um den Platz herum ist eine Mischung aus Häusern aus Holzfachwerk aus dem siebzehnten Jahrhundert und aus metallischen Strukturen aus dem neunzehnten Jahrhundert. Es ist ein Platz mit sehr viel Charme.

Während ich meinen Spaziergang fortsetze, komme ich an der Oper von Rennes und am Saint-Georges Palast vorbei. Es ist schon sechs Uhr am Abend und die Terrassen der Bars füllen sich. Ich bemerke, dass es in Rennes wirklich viele junge Menschen gibt. Das Stadtzentrum ist jetzt brechend voll.

Da Rennes auch für ihre Bars bekannt ist, finde ich es notwendig, zumindest eine kennenzulernen. Dazu gehe ich in eine der bekanntesten Straßen von Rennes: die Rue Saint-Michel. Der Spitzname dieser Straße ist „die Durststraße", da es dort fast ausschließlich Bars gibt. Ich suche eine aus und entspanne mich ein wenig, während ich auf der Terrasse ein Bier trinke.

Während ich diese ganzen schönen, mittelalterlichen Häuser um mich herum betrachte, denke ich, dass es traurig ist, dass ich nicht zu Forteresse de Fougères gehen kann. Das ist ein altes mittelalterliches Dorf mit einer Burg. Schade, dass das Dorf vierzig Minuten mit dem Auto von Rennes entfernt ist. Aber ich hoffe, dass ich Zeit haben werde, wenn ich das nächste Mal die Bretagne besuche.

Ich esse eine Kleinigkeit in der Bar und entscheide dann, dass es Zeit für mich ist, ins Hotel zurückzukehren. Ich brauche nur zehn Minuten, um dort anzukommen. Es ist erst neun Uhr abends, aber ich glaube, dass ich schlafen werde. Ich habe letzte Nacht nicht viel geschlafen und morgen früh nehme ich ein Flugzeug um acht Uhr morgens, um nach Strasbourg zu fliegen. Ich muss also um halb sieben am Flughafen sein, da ich mein Gepäck einchecken muss.

Rennes ist eine Stadt, die in ganz Frankreich bekannt ist. Jetzt weiß ich endlich wieso. Die Altstadt ist wirklich hübsch und die Bevölkerung ist jung und dynamisch. Es ist eine sehr gute Mischung!

Strasbourg, la capitale européenne

Vokabeln

l'escale (une)	der Zwischenstopp
ronfler	schnarchen
l'atterrissage (un)	die Landung
l'hôtesse de l'air	die Flugbegleiterin
la passerelle passager	die Fluggastbrücke
enregistrer ses baguages	sein Gepäck einchecken
le poids	das Gewicht
autoriser	erlauben
le carrousel à baguage	das Gepäckband
la haute saison	die Hauptsaison
particulier	besonders
la maison à colombage	das Fachwerkhaus
la flèche	die Turmspitze
la tarte flambée	der Flammenkuchen
la choucroute	das Sauerkraut
le canal	der Kanal
gêner	stören
la crème fraiche	eine Art Sauerrahm
le lardon	der Speck
la planche	das Brett
déçu/e	enttäuscht
renforcer	verstärken
le bac à fleurs	der Blumenkasten
l'enfance (une)	die Kindheit
libre	frei
le barrage	der Damm

aménager	einrichten
curieux/-se	neugierig
étalé	ausgebreitet
l'herbe (une)	das Gras
l'évènement (un)	die Veranstaltung
l'amitié (une)	die Freundschaft
se croiser	sich zufällig treffen
l'expérience (une)	die Erfahrung
la caravane	das Wohnmobil
oser	sich trauen

Le vol de Rennes à Strasbourg dure seulement une heure. J'étais très surprise de trouver un vol direct, sans **escale** à Paris. D'habitude, quand on prend l'avion en France, il y a presque toujours une escale. C'est pour ça que j'ai surtout pris le train et le bus jusqu'à présent. Puisque je me suis levée très tôt, j'ai dormi pendant presque tout le trajet, ma tête appuyée contre la fenêtre. J'espère que je n'ai pas **ronflé**…

Avant l'**atterrissage**, le pilote nous annonce que la température à Strasbourg est d'actuellement vingt-cinq degrés. C'est une bonne nouvelle ! Pour l'instant, j'ai eu beaucoup de chance avec la météo pendant mon tour de France. J'espère que cela sera aussi le cas à Strasbourg. **L'hôtesse de l'air** me rappelle de mettre ma ceinture, puisque je l'avais oubliée.

L'avion atterrit et nous attendons à l'intérieur, sans vraiment savoir ce qu'il se passe. Les portes ne s'ouvrent pas encore. Je pense que c'est parce qu'il n'y a pas encore de **passerelle passagers** pour sortir.

Quand l'avion est prêt pour le débarquement, je sors par la porte avant. Je vais tout de suite récupérer mes bagages. J'ai dû **enregistrer ma valise**, puisqu'elle dépassait le **poids** maximal **autorisé** en cabine. J'attends donc devant le **carrousel à bagages**. Quand ma valise arrive, je la prends tout de suite et je vais en direction du terminal.

Même si Strasbourg n'est pas une petite ville, avec ses trois cent mille habitants, et que c'est l'une des capitales européennes, l'aéroport me paraît très petit. Au moins, c'est très facile de s'y orienter. Puisque l'aéroport est un peu en dehors de la ville, je vais prendre le train pour me rendre au centre-ville, où se trouve mon hôtel.

Strasbourg est l'une des villes les plus touristiques de France. Et puisque c'est l'été, c'est **la haute saison**. Puisqu'il y beaucoup de touristes, les hôtels sont assez chers. D'ailleurs, c'est la ville où mon hôtel coûte le plus cher, même si ce n'est pas le meilleur de mon voyage.

Avec le train, j'arrive à la gare de Strasbourg, qui se trouve en plein centre-ville. Je marche encore dix minutes à pied et j'arrive devant mon hôtel. Je vais dans ma chambre, je me change et me prépare. Maintenant, je peux faire ce dont j'ai vraiment envie : visiter les attractions touristiques.

Strasbourg est la plus grande ville de la région Alsace, au nord-est de la France. L'Alsace est connue pour son histoire **particulière**. En effet, cette région a été plusieurs fois allemande et plusieurs fois française au cours de l'histoire. Depuis 1945, elle est maintenant restée française. D'ailleurs, c'est encore la région frontalière avec l'Allemagne.

A cause de son histoire, cette région a un charme particulier. On remarque tout de suite qu'il s'agit d'un mélange entre la culture française et la culture allemande. Même le dialecte de cette région le montre : l'Alsacien comporte des mots français et des mots allemands. Même si les jeunes ne parlent plus trop Alsacien, ils en sont quand même fiers. Tous les noms de rues et de places sont écrits en français et en alsacien.

Pour continuer ma tradition, je décide d'aller en premier à la cathédrale de la ville. Ici, il s'agit de la Cathédrale Notre-Dame de Strasbourg. Pour y aller, je mets environ quinze minutes depuis mon hôtel. Mais ce n'est pas grave, puisque je passe dans le centre-ville historique de Strasbourg, qui est vraiment sublime. L'architecture alsacienne est unique en France. Les rues du centre-ville sont pavées, et je suis entourée de **maisons à colombage,** qui sont d'un style complètement différent qu'à Rennes.

La première chose que je remarque, quand j'arrive devant la cathédrale, c'est qu'elle n'a qu'une seule tour avec une **flèche**.

Elle est aussi du style gothique, puisque sa construction a débuté au treizième siècle. C'est très intéressant, puisque la plupart des cathédrales en France, qui datent de cette époque, ont deux tours.

Je décide bien sûr de faire un tour à l'intérieur. Je ne peux tout de même pas louper cela, alors que c'est la dernière ville que je visite. L'intérieur est vraiment magnifique. Les vitraux sont les plus beaux que j'ai vu de tout mon voyage !

Quand je sors de la cathédrale, il est déjà midi et je dois trouver un endroit pour manger. Ça ne devrait pas être difficile. L'Alsace est aussi connue pour ses nombreuses spécialités. Ici, il y a les **tartes flambées**, la **choucroute**, les Spaetzle et le Kougelhopf. Mais, il ne faut bien sûr pas oublier que l'Alsace est aussi connue pour son vin blanc et ses bières. Strasbourg est donc la ville parfaite pour bien manger !

Je cherche donc un petit restaurant et je m'y installe en terrasse. Plusieurs petits **canaux** traversent le centre-ville de Strasbourg et j'ai donc choisi un restaurant avec vue sur l'eau. Je pense qu'il s'agit d'un endroit très touristique, mais parfois, on peut se le permettre et ce n'est pas grave puisque c'est magnifique. Pendant que j'attends le serveur, je remarque que ça ne me **gêne** plus trop d'être seule au restaurant, on dirait que je me suis habituée à voyager seule.

Le serveur s'approche de moi et m'apporte un menu. Avant de regarder le menu, je commande déjà un verre de Riesling, le vin typique de la région. Pour ce midi, je décide de commander une tarte flambée et des spaetzle, je gouterai une autre spécialité ce soir. Le prix me semble assez élevé, mais ça me semble normal, puisque je suis dans une zone très touristique et que la qualité a l'air très bonne.

Je choisis une tarte flambée traditionnelle, avec de **la crème fraiche**, des oignons, des **lardons** et du fromage. J'ai déjà goûté des tartes flambées à Nice, où j'habite, mais je pense que ça ne sera pas pareil ici. En plat principal, je commande des spaetzle avec des champignons à la crème. C'est la première fois que je vais en manger et j'ai très hâte de goûter.

Quinze minutes plus tard, le serveur apporte la tarte flambée sur **une planche** en bois. Cette tarte flambée n'est pas du tout comparable avec celle de Nice, c'est vraiment excellent ! Après le plat principal, je n'ai plus faim du tout, et pour la première fois de ce voyage, je ne pense vraiment pas que je pourrais manger un dessert.

Je demande l'addition et je dois payer trente euros. Les plats étaient gigantesques et délicieux et je pense donc que ça vaut le coup. Maintenant, je veux faire une petite promenade dans la ville avant de visiter un autre endroit.

J'ai lu sur internet qu'on pouvait faire de très belles promenades sur les quais des canaux de la ville. Apparemment, c'est une activité que tout le monde aime à Strasbourg, les locaux comme les touristes.

Je me lève donc de la terrasse et commence tout de suite ma promenade, et je ne suis pas **déçue** ! Je vois beaucoup de maisons traditionnelles sur la rive qui sont décorées avec des **bacs à fleurs**. Cela **renforce** le charme déjà unique de cette ville.

Pendant la promenade, je dois changer de rive plusieurs fois et je traverse donc des ponts très mignons. J'arrive au Palais Rohan et je dois m'arrêter sur le pont devant. Ce bâtiment est vraiment impressionnant. C'est un bâtiment du dix-huitième siècle, dans lequel se trouve trois musées : le musée des beaux-arts, le musée des arts décoratifs et le musée archéologique.

Pendant que je suis encore complètement bouche-bée devant ce monument, j'entends tout d'un coup quelqu'un qui crie mon nom. Je n'arrive pas à y croire, c'est une de mes amies avec son copain. Super, maintenant je connais enfin quelqu'un dans cette ville. Mon amie s'appelle Alice et son copain s'appelle Arthur. Alice est une amie d'**enfance** et elle me demande ce que je fais ici. Je lui raconte un peu mon voyage et lui décris les villes où j'ai été.

Elle me dit qu'Arthur et elle ont l'après-midi de **libre** et qu'elle veut encore me montrer quelques endroits. Tout d'abord, elle me demande si j'ai déjà vu la Petite France. Je ne sais pas ce que c'est et ils décident donc de me la montrer. Le mieux dans tout ça, c'est que nous pouvons continuer notre promenade sur les quais.

La Petite France est un quartier historique de Strasbourg, qui se trouve sur une petite île entre deux canaux. Je suis très contente qu'ils m'aient amenée ici. Maintenant, je sais enfin quelle partie de la ville est représentée sur toutes les cartes postales. J'ai l'impression d'être dans un musée, tellement tout a l'air vieux et authentique. En plus, je vois le **barrage** Vauban. C'est un vieux barrage du dix-septième siècle sur lequel a été **aménagée** une terrasse panoramique. J'en profite quelques minutes pour observer la ville.

Alice et Arthur me disent qu'ils ont une voiture et qu'ils aimeraient me montrer le Jardin des Deux Rives, qui est un peu en dehors de la ville. Je suis d'accord, parce que je suis **curieuse** de voir quel genre de parc c'est. Nous marchons donc quinze minutes pour rejoindre la voiture, puis roulons quinze minutes en voiture. Heureusement que Arthur et Alice ont une voiture, à pied, j'aurais au moins mis une heure !

Tout de suite en arrivant, je comprends pourquoi le parc s'appelle le Jardin des Deux Rives. C'est un parc qui est **étalé** sur les deux rives du Rhin, mais qui est connecté par un grand pont. Ce parc semble être un endroit très vivant, il y a beaucoup de jeunes et de familles assises dans l'**herbe** qui profitent du soleil. Alice et Arthur me disent qu'il y a souvent des **évènements** ici, des concerts par exemple.

Ce parc ne s'étale pas que sur deux rives, mais aussi sur deux nations, puisque le Rhin est la frontière entre la France et l'Allemagne dans cette région. C'est d'ailleurs un symbole de **l'amitié** franco-allemande. De l'autre côté du Rhin, je vois donc Kehl, une ville allemande. Nous décidons de traverser le pont. Je trouve intéressante l'idée d'être sur la frontière entre l'Allemagne et la France. Et en plus comme ça, je pourrai dire que j'ai même visité deux pays pendant mon voyage ! Je comprends encore mieux pourquoi Strasbourg est l'une des capitales européennes.

Mes amis me ramènent au centre-ville avec la voiture. J'aimerais les remercier pour le bel après-midi et je les invite donc à dîner.

Ils acceptent, et Alice dit qu'elle connait un bon restaurant pour manger de la choucroute. Super ! C'est la spécialité que je n'ai pas encore goûtée.

Pendant le repas, mon amie m'explique qu'elle habite à Strasbourg depuis quelques mois, puisqu'elle a commencé un master. Je suis vraiment contente de l'avoir **croisée**, nous ne nous étions pas parlées depuis longtemps, mais ça montre que les vieilles amitiés ne s'arrêtent jamais.

Après le repas, je dis à Arthur et Alice que je vais rentrer à l'hôtel, je leur dis donc au revoir et les prends dans mes bras. Je suis à dix minutes de mon hôtel et je commence à vraiment être très fatiguée.

Le fait d'avoir visité huit des villes les plus importantes de mon pays, m'a fait aimer mon pays encore plus. C'est une **expérience** que je recommande à tout le monde, puisque c'est le seul moyen de vraiment connaître son pays.

La seule chose que je changerais, c'est de ne pas avoir eu de compagnon de voyage. Je suis une fille qui parle beaucoup et j'ai besoin de raconter ce que je vis et partager ces moments avec quelqu'un d'autre. C'était quand même utile pour apprendre à me connaître moi-même et aussi pour rencontrer de nouvelles personnes, avec lesquelles j'aimerais rester en contact dans le futur.

Pour faire un voyage comme celui-ci, ce serait parfait de louer une voiture, mais pour une seule personne, c'est trop cher. Ce qui est bien, c'est que pendant le trajet en voiture entre les villes, on peut simplement s'arrêter à l'endroit où on veut et comme ça, découvrir des endroits qui ne sont pas facilement accessibles en transport en commun.

Maintenant, je dois me concentrer sur un de mes autres grands rêves : louer une **caravane** pour visiter mon pays à mon propre rythme et découvrir chaque coin de manière complètement libre. C'est une expérience que je dois faire une fois dans ma vie, même si je ne sais pas si j'**oserais** conduire un véhicule aussi grand et lourd… Est-ce que quelqu'un veut participer à cette aventure ?

BEARBEITE NUN DIE VERSTÄNDNISFRAGEN!

Welche Temperatur kündigt der Pilot an?

- ☐ 17 Grad
- ☐ 25 Grad
- ☐ 28 Grad

Was ist das Besondere an der elsässischen Sprache?

- ☐ Sie ist sehr schwierig
- ☐ Sie ist sehr unbeliebt
- ☐ Es ist eine Mischung aus Französisch und Deutsch

Was befindet sich im Palais Rohan?

- ☐ Eine europäische Institution
- ☐ Mehrere Museen
- ☐ Eine bekannte Statue

Woher kennen sich Alice und Laura?

- ☐ Aus dem Masterstudium
- ☐ Durch Arthur
- ☐ Aus der Kindheit

Was empfiehlt Laura für eine solche Reise?

- ☐ Ein Auto zu mieten
- ☐ Mit dem Zug zu fahren
- ☐ Mit dem Flugzeug zu reisen

Straßburg, die europäische Hauptstadt

Der Flug von Rennes nach Straßburg dauert nur eine Stunde. Ich war sehr überrascht, dass ich einen Direktflug ohne Zwischenstopp in Paris gefunden habe. Normalerweise, wenn man in Frankreich das Flugzeug nimmt, macht man fast immer einen Zwischenstopp. Deswegen habe ich mich bisher vor allem für den Zug oder für den Bus entschieden. Weil ich sehr früh aufgestanden bin, habe ich fast die ganze Reise mit schlafend, mit dem Kopf am Fenster abgestützt, verbracht. Ich hoffe, ich habe nicht geschnarcht...

Vor der Landung kündigt der Pilot an, dass die Temperatur in Straßburg bisher fünfundzwanzig Grad beträgt. Das ist eine gute Neuigkeit! Bisher hatte ich viel Glück mit dem Wetter während meiner Frankreich Rundreise. Ich hoffe, dass das auch in Straßburg der Fall sein wird. Die Flugbegleiterin erinnert mich daran meinen Gurt zuzumachen, da ich es vergessen hatte.

Das Flugzeug landet und wir warten im Inneren, ohne wirklich zu wissen, was passiert. Die Türen öffnen sich noch nicht. Ich denke, dass es daran liegt, dass die Fluggastbrücke zum Austeigen noch nicht da ist.

Als das Flugzeug bereit ist, gehe ich aus der Vordertür heraus. Ich gehe gleich mein Gepäck abholen. Ich musste mein Gepäck einchecken, da es das maximal erlaubte Gewicht in der Kabine überschritt. Ich warte also vor dem Gepäckband. Als mein Koffer ankommt, nehme ich ihn und gehe in die Richtung des Terminals.

Obwohl Straßburg mit etwa dreihunderttausend Einwohnern keine Kleinstadt ist, und diese Stadt sogar eine der europäischen Hauptstädte ist, kommt mir der Flughafen sehr klein vor. Dafür ist es sehr einfach sich zurechtzufinden. Da der Flughafen etwas außerhalb der Stadt ist, werde ich den Zug bis in das Stadtzentrum nehmen, wo mein Hotel ist.

Straßburg ist eine der touristischsten Städte Frankreichs. Und da es Sommer ist, ist momentan auch noch Hauptsaison. Da es viele Touristen gibt, sind die Hotels relativ teuer. Es ist die Stadt, in der mein Hotel am teuersten ist, obwohl es nicht das beste meiner Reise ist.

Mit dem Zug komme ich am Hauptbahnhof von Straßburg an, der sich genau im Stadtzentrum befindet. Ich gehe zehn Minuten zu Fuß und komme vor meinem Hotel an. Ich gehe in mein Zimmer, ziehe mich um und mache mich fertig. Jetzt kann ich das machen, worauf ich wirklich Lust habe: Sehenswürdigkeiten besichtigen.

Straßburg ist die größte Stadt der Region Elsass, im Nordosten Frankreichs. Das Elsass ist für seine besondere Geschichte bekannt. In der Tat war diese Region im Laufe der Geschichte mehrere Male deutsch und mehrere Male französisch. Seit 1945 ist sie französisch geblieben. Sie ist aber immer noch die Grenzregion zu Deutschland.

Wegen ihrer Geschichte hat diese Region einen besonderen Charme. Man bemerkt sofort, dass sich hier die französische und die deutsche Kultur vermischen. Sogar der Dialekt dieser Region zeigt es: im Elsässischen gibt es französische und deutsche Wörter. Auch wenn die jungen Menschen nicht mehr wirklich Elsässisch sprechen, sind die dennoch stolz darauf. Alle Straßennamen stehen auf Französisch und Elsässisch auf den Schildern.

Um meine Tradition fortzusetzen, entscheide ich mich dazu als erstes zur Kathedrale der Stadt zu gehen. Hier ist es die Cathédrale Notre-Dame de Strasbourg. Um dorthin zu kommen, brauche ich etwa fünfzehn Minuten. Aber das ist nicht schlimm, da ich durch das historische Zentrum spaziere, welches wirklich bezaubernd ist. Die elsässische Architektur ist einzigartig in Frankreich. Die Straßen sind gepflastert und ich bin von Fachwerkhäusern umgeben, die einen ganz anderen Stil als die in Rennes haben.

Das erste, das ich bemerke als ich bei der Kathedrale ankomme ist, dass sie nur einen Turm mit einer Turmspitze hat. Sie ist auch im gotischen Stil, da ihr Bau im dreizehnten Jahrhundert begonnen hat. Es ist sehr interessant, da die meisten französischen Kathedralen aus dieser Zeit zwei Turmspitzen haben.

Ich entscheide mich natürlich dazu eine Runde im Inneren zu drehen. Ich kann das nicht versäumen, da es die letzte Stadt ist, die ich besichtige. Das Innere ist wirklich wunderschön. Die Fenster sind die schönsten, die ich während meiner Reise gesehen habe.

Als ich die Kathedrale verlasse, ist es schon Mittagszeit und ich muss einen Ort zum Essen finden. Das sollte aber nicht schwierig sein. Das Elsass ist für seine zahlreichen Spezialitäten bekannt. Hier gibt es Flammkuchen, Sauerkraut, Spätzle und Gugelhupf. Man sollte aber natürlich auch nicht vergessen, dass das Elsass auch für seinen Weißwein und seine Biere bekannt ist. Straßburg ist also die perfekte Stadt, um richtig gut zu essen!

Ich suche also nach einem kleinen Restaurant und setzte mich dort auf die Terrasse. Mehrere kleine Kanäle fließen durch die Stadt und ich suche mir deswegen ein Lokal mit Blick auf das Wasser aus. Ich glaube, dass es ein sehr touristischer Ort ist, aber manchmal darf man sich das auch erlauben und es ist nicht schlimm, da es wirklich wunderschön ist. Während ich auf den Kellner warte, bemerke ich, dass es mich nicht mehr so sehr stört alleine im Restaurant zu sein. Es sieht so aus, als hätte ich mich daran gewöhnt alleine zu reisen.

Der Kellner nähert sich mir und bringt mir eine Karte. Bevor ich das Menü anschaue, bestelle ich schon einmal ein Glas Riesling, ein typischer Wein der Region. Heute Mittag entscheide ich mich für Flammkuchen und Spätzle, die anderen Spezialitäten werde ich heute Abend probieren. Die Preise scheinen relativ hoch, aber das ist normal, da ich in einem sehr touristischen Gebiet bin und die Qualität gut zu sein scheint.

Ich bestelle einen traditionellen Flammkuchen mit Crème Fraiche, Zwiebeln, Speck und Käse. Ich habe Flammkuchen schon einmal in Nizza, wo ich wohne, probiert, aber ich glaube, dass es hier nicht dasselbe sein wird. Als Hauptspeise bestelle ich Spätzle mit einer Pilz-Sahnesoße. Das ist das erste Mal, dass ich sowas werde und ich kann kaum erwarten,es zu probieren.

Fünfzehn Minuten später bringt mir der Kellner den Flammkuchen auf einem Holzbrett. Dieser Flammkuchen ist nicht vergleichbar mit dem aus Nizza, er ist wirklich köstlich! Nach dem Hauptgericht habe ich überhaupt kein Hunger mehr und zum ersten Mal auf meiner Reise glaube ich, dass ich wirklich keinen Nachtisch mehr essen kann.

Ich bitte um die Rechnung und muss dreißig Euro bezahlen. Die Portionen waren wirklich riesig und es war sehr lecker, deswegen glaube ich, dass es seinen Preis wert ist. Jetzt möchte ich einen kleinen Spaziergang durch die Stadt machen, bevor ich einen anderen Ort besichtige.

Ich habe im Internet gelesen, dass man sehr schöne Spaziergänge am Ufer der Kanäle machen kann. Scheinbar ist das eine Beschäftigung, die alle mögen, sowohl die Einwohner als auch die Touristen.

Ich verlasse also die Terrasse des Restaurants, beginne gleich meinen Spaziergang und bin nicht enttäuscht! Ich sehe viele traditionelle Häuser, die mit Blumenkästen dekoriert sind. Das verstärkt den einzigartigen Charme der Stadt noch mehr.

Während meines Spaziergangs, muss ich mehrmals das Ufer wechseln und komme so über sehr schöne Brücken. Ich komme am Palais Rohan an und muss auf der Brücke davor anhalten. Dieses Gebäude ist wirklich beeindruckend. Es ist ein Gebäude aus dem achtzehnten Jahrhundert, in dem drei Museen sind: Das Kunstmuseum, das Museum für Verzierungskünste und das archäologische Museum.

Während ich noch komplett sprachlos vor diesem Gebäude stehe, höre ich plötzlich, wie jemand meinen Namen ruft. Ich kann es kaum glauben. Es ist eine meiner Freundinnen mit ihrem Freund. Super, jetzt kenne ich endlich jemanden in dieser Stadt! Meine Freundin heißt Alice und ihr Freund heißt Arthur. Alice ist eine Freundin aus meiner Kindheit und sie fragt mich, was ich hier mache. Ich erzähle ein bisschen von meiner Reise und beschreibe ihr die Städte, in denen ich gewesen bin.

Sie sagt mir, dass Arthur und sie den Nachmittag frei haben und dass sie mir gerne ein paar Orte zeigen würden. Als erstes fragt sie mich, ob ich schon die Petite France gesehen habe. Ich weiß nicht, wovon sie spricht und sie entscheiden sich dazu es mir zu zeigen. Das Beste daran ist, dass wir weiterhin am Ufer spazieren können.

Die Petite France ist ein historisches Viertel der Stadt Straßburg, das sich auf einer kleinen Insel zwischen zwei Kanälen befindet. Ich bin sehr glücklich, dass sie mich hierhergebracht haben. Jetzt weiß ich endlich, welcher Teil der Stadt auf allen Postkarten vorkommt. Ich habe das Gefühl in einem Museum zu sein, weil alles so alt und authentisch aussieht. Außerdem sehe ich so den Barrage Vauban. Das ist ein alter Damm aus dem siebzehnten Jahrhundert, auf dem eine Terrasse mit Panoramablick eingerichtet wurde. Ich nutze das ein paar Minuten aus, um die Stadt anzuschauen.

Alice und Arthur sagen mir, dass sie ein Auto haben, und dass sie mir den Garten der zwei Ufer zeigen möchten, der etwas außerhalb der Stadt liegt. Ich bin einverstanden, weil ich neugierig bin zu sehen, was für ein Park das ist. Wir gehen also fünfzehn Minuten bis zum Auto und fahren dann fünfzehn Minuten dorthin. Zum Glück haben Arthur und Alice ein Auto, zu Fuß hätte ich mindestens eine Stunde gebraucht!

Gleich bei der Ankunft verstehe ich, warum der Park den Namen *Garten der zwei Ufer* trägt. Der Park breitet sich über die zwei Ufer des Rheins aus, aber wird von einer großen Brücke verbunden. Dieser Park scheint ein sehr lebendiger Ort zu sein. Viele junge Menschen und Familien sitzen im Gras und genießen die Sonne. Alice und Arthur sagen mir, dass hier häufig Veranstaltungen, wie zum Beispiel Konzerte, stattfinden.

Dieser Park breitet sich nicht nur über zwei Ufer aus, sondern auch über zwei Nationen, da der Rhein die Grenze zwischen Deutschland und Frankreich in dieser Region ist. Er ist außerdem ein Symbol der deutsch-französischen Freundschaft. Auf der anderen Seite des Rheines sehe ich Kehl, eine deutsche Stadt. Wir entscheiden uns dazu die Brücke zu überqueren. Ich finde die Idee interessant auf der Grenze zwischen Deutschland und Frankreich zu stehen. Und außerdem kann ich jetzt sagen, dass ich zwei Länder auf meiner Reise besucht habe! Ich verstehe noch besser, wieso Straßburg eine der europäischen Hauptstädte ist.

Meine Freunde bringen mich ins Stadtzentrum mit dem Auto zurück. Ich möchte mich bei ihnen für den schönen Nachmittag bedanken und lade sie also zum Abendessen ein. Sie sind einverstanden und Alice sagt, dass sie ein gutes Restaurant kennt, wo man Sauerkraut essen kann. Super! Das ist die Spezialität, die ich noch nicht gekostet habe.

Während des Essens, erklärt mir meine Freundin, dass sie seit einigen Monaten in Straßburg wohnt, weil sie ein Masterstudium begonnen hat. Ich bin sehr glücklich ihr begegnet zu sein, wir hatten schon lange nicht mehr miteinander geredet, aber das zeigt, dass alte Freundschaften nie enden.

Nach dem Essen sage ich Arthur und Alice, dass ich zum Hotel gehen werde, verabschiede mich von ihnen und nehme sie in die Arme. Ich bin nur zehn Minuten von meinem Hotel entfernt und ich beginne wirklich müde zu sein.

Acht der wichtigsten Städte meines Landes zu bereisen, hat es mich noch mehr lieben lassen. Es ist eine Erfahrung, die ich jedem empfehle, weil es der einzige Weg ist, ein Land wahrhaftig kennenzulernen.

Das Einzige, was ich an meiner Reise ändern würde, ist die Tatsache, dass ich keine Begleitung hatte. Ich bin ein Mädchen, das viel redet und ich muss erzählen, was ich erlebe und die Momente mit jemand anderem teilen. Trotzdem war es nützlich, um mich selbst besser kennenzulernen und auch um neue Leute kennenzulernen, mit denen ich den Kontakt in Zukunft halten möchte.

Das Beste, um eine Route wie diese zu machen, ist ein Auto auszuleihen, aber für eine einzige Person ist es zu teuer. Das Gute an der Autofahrt zwischen den Städten ist, dass man überall anhalten kann, wo man will und so Dinge sieht, die mit öffentlichen Verkehrsmitteln nicht einfach zugänglich sind.

Jetzt muss ich mich auf die Erfüllung einer meiner anderen großen Träume konzentrieren: Ein Wohnmobil ausleihen, um mein

Land nach meinem Rhythmus zu bereisen und dabei jede Ecke mit völliger Freiheit zu entdecken. Es ist eine Erfahrung, die ich einmal in meinem Leben erleben muss, obwohl ich nicht weiß, ob ich mich traue, ein so großes und schweres Fahrzeug zu fahren... Möchte jemand bei diesem Abenteuer mitmachen?

Hat dir das Buch gefallen?

Dann würden wir uns sehr über eine Rezension auf Amazon freuen.

Das würde uns sehr helfen, da uns dein Feedback am Herzen liegt.

Super!

Super, du hast das Buch gelesen und hoffentlich einiges gelernt.

Wir hoffen, die Grammatik, der Satzbau und die Vokabeln kommen dir nun nicht mehr so fremd vor und du bist besser für den Alltag in Frankreich vorbereitet.

Wir wünschen dir viel Erfolg auf deinem weiteren Weg in die französische Kultur und hoffen, dass wir uns bald in einem anderen Buch wiedersehen.

Audiodateien

Um deine Audiodateien runterzuladen, scanne einfach folgenden QR-Code mit der Kamera-App deines Smartphones oder Tablets:

https://www.sprachen-einfachlernen.de/doa239

Lösungen Verständnisfragen

Marseille

Fenster
Die schöne Architektur
Biologie
London
Croissant, Schokobrötchen, Cornflakes, Kaffee und Orangensaft

Montpellier

Architektur
ein Museum
Auf dem Grill
Rosa
eine halbe Stunde

TOULOUSE

Emails überprüfen
500000
Weil ein Freund es ihr empfohlen hat
55 Meter
Kloster

BORDEAUX

Ihre Flitterwochen verbracht
2016
Sie vermisst ihre Familie und Freunde
Vom Reflexionsbecken
Weil sie Bordeaux nicht verlassen möchte

NANTES

Nordosten
Durch die Innenstadt
18:00 Uhr
12 Meter
Als Museum der Stadtgeschichte

Paris

Es ist sehr alt
Im vierten Stock
Den Besuch im Theater
Sie geht ins Badezimmer
Beeindruckend

Rennes

00:00 Uhr
Regnerisch
Im Sommer
Ritter Wettbewerbe
Ein Bier in einer Bar trinken

Straßburg

25 Grad
Es ist eine Mischung aus Französisch und Deutsch
Mehrere Museen
Aus der Kindheit
Ein Auto zu mieten

Impressum:

© 2021 Sprachen Einfach Lernen

1. Auflage

Kontakt: Lars Hütz/Dückersstraße 9a/40667 Meerbusch

Druckerei: Amazon Media EU S.à r.l., 5 Rue Plaetis, L-2338, Luxembourg

Printed in Great Britain
by Amazon

20983704R00115